运营密探

罗辑思维运营全景大探秘

周天祥 / 著

电子工业出版社
Publishing House of Electronics Industry
北京·BEIJING

内 容 简 介

本书内容主要讲述"罗辑思维"在运营新媒体、社群、电商、平台中的大量案例，并对这些案例进行深入分析。希望通过回顾罗辑思维的这些案例，使读者建立对运营的初步认识。读者通过学习，能够快速入门并掌握基本的运营概念。

本书适合运营人员和创业者，以及对运营感兴趣的读者。

图书在版编目（CIP）数据

运营密探：罗辑思维运营全景大探秘 / 周天祥著. —北京：电子工业出版社，2017.8
ISBN 978-7-121-32040-8

Ⅰ. ①运… Ⅱ. ①周… Ⅲ. ①企业经营管理 Ⅳ.①F272.3

中国版本图书馆 CIP 数据核字(2017)第 144295 号

策划编辑：张彦红　董 雪
责任编辑：石　倩
印　　刷：三河市华成印务有限公司
装　　订：三河市华成印务有限公司
出版发行：电子工业出版社
　　　　　北京市海淀区万寿路 173 信箱　邮编 100036
开　　本：720×1000　1/16　印张：9.5　字数：150 千字　彩插：1
版　　次：2017 年 8 月第 1 版
印　　次：2017 年 8 月第 1 次印刷
定　　价：49.00 元

凡所购买电子工业出版社图书有缺损问题，请向购买书店调换。若书店售缺，请与本社发行部联系，联系及邮购电话：(010) 88254888，88258888。

质量投诉请发邮件至 zlts@phei.com.cn，盗版侵权举报请发邮件至 dbqq@phei.com.cn。

本书咨询联系方式：010-51260888-819，faq@phei.com.cn。

本书特别献给周正阳同志。28年以来，您不仅给予我生命，还给予我生活、工作的智慧，以及面对挫折的勇气，使我变得自信而勇敢。

2017 年 6 月 18 日 父亲节

自　序

　　2012 年 12 月 21 日，也就是所谓的"世界末日"，那天傍晚到家后我习惯性地打开优酷视频，被首页一条《向死而生》的节目标题深深吸引，17 分钟后我彻底变成了罗振宇的粉丝并立刻搜索关于他的一切：微博、博客、百度、视频。后来我找到一组视频专辑《中小企业品牌突破之路》，里面是罗振宇多年前的演讲，当我看完这组时长约 3 个小时的专辑时已经是凌晨 2:00，笔记写了七八页。

　　从那天起，我每天收听罗辑思维微信公众号的 60s 语音，每周四晚上都要看罗辑思维更新的视频节目。直到今天，四年多不曾中断。相信有同样经历的人也很多，这四年里，我因为罗辑思维注册微信公众号，因为罗辑思维北漂，因为罗辑思维进入互联网公司，因为罗辑思维成为"在行"TOP 100 行家（在行，知识技能共享平台），也以罗辑思维为榜样，打造出可能是国内最好的母婴护理员知识服务商。

　　为什么我要写这本书？

　　2015 年，我有幸成为在行的行家，半年工夫，凭借对罗辑思维的了解，我居然成了 TOP100 的行家，电子工业出版社的编辑董雪也通过在行找到我，希望我向更多人分享关于罗辑思维的运营经验。

　　为什么你要读这本书？

　　2012 年，我找广告公司拍广告视频，得到的报价是 1 万元/分钟。

　　2012 年，我找公交车打广告，得到的报价是 2 万元/辆/年。

2013 年，我注册了微信公众号，面对用户增长束手无策。

与自己的用户进行信息交流，是每一家公司最核心的工作。曾经，这个工作可以通过户外广告、电视广告来完成，并且成就了许多伟大企业。到了互联网时代，一家公司如何适应并在互联网场景下与用户进行信息交流呢？罗辑思维的微信公众号是一座里程碑，在微信公众号运营方面也创造了很多历史记录。今天，罗辑思维已经演化成一家最好的知识服务商。如果你也想让自己的公司变成有影响力的品牌，那么罗辑思维是你绕不过去的学习对象。

这本书适合谁读？

大学生、白领、老板都可以从罗辑思维的四年运营历程中找到自己需要的经验。

这本书讲了什么？

在罗辑思维的四年历程中，分别体现了互联网公司的四种运营形态：新媒体、社群、电商、平台。罗辑思维在演化成今天最好的知识服务商之前，也就是罗辑思维在成为"得到"之前，其所有的经历，你看完这本书就能了解。

周天祥

读者服务

轻松注册成为博文视点社区用户（www.broadview.com.cn），扫码直达本书页面。

- **提交勘误**：您对书中内容的修改意见可在 提交勘误 处提交，若被采纳，将获赠博文视点社区积分（在您购买电子书时，积分可用来抵扣相应金额）。
- **交流互动**：在页面下方 读者评论 处留下您的疑问或观点，与我们和其他读者一同学习交流。

页面入口：http://www.broadview.com.cn/32040

目　录

第 1 部分

自媒体

通过阅读自媒体篇，你能获得什么？

（1）作为一名创业型公司的CEO，了解自媒体的典型案例，将本公司在自媒体上取得的业绩跟罗辑思维做对比。

（2）作为创业型公司新媒体项目成员，了解数种运营套路。根据本公司新媒体的情况，找出值得借鉴的玩法，罗辑思维是新媒体入门玩家的好老师。

（3）作为投资人，如果你投资的创业型公司在新媒体运营方面卓有建树，它将很快拿到下轮融资。怎么判断是否卓有建树呢？罗辑思维在用户拉新（吸引新会员）、留存、活跃率、购买转化率和复购率等方面的数据均可参考。

罗辑思维在2016年已经不再自称自媒体了，我为什么还要聊它？

虽然4年中历经数次转型，但是罗辑思维是以自媒体起步的。为什么呢？第一，运营自媒体的成本低。2013年，不到10人的罗辑思维公司实现了全媒体运营，包括优酷视频栏目、荔枝FM、微信公众号、微博等，要知道很多企业都有能力承担全媒体运营。如果在媒体形式上只运营微信、微博，那么每天投入2小时即可。第二，运营自媒体的试错风险小。微信投放广告价格在3000元以上，而企业运营自媒体不需要费用。即便活动在用户中没有引起反响，公司也不用承担风险。

第 1 章

自媒体视频

首先了解罗辑思维的联合创始从之一——罗振宇。他曾经担任央视财经频道《商务电视》、《经济与法》与《对话》栏目的制片人。罗振宇的看家本事就是做视频节目，所以本书开篇先讲自媒体视频。扫描以下二维码了解罗振宇。

罗辑思维视频的分析

罗辑思维自 2012 年 12 月 21 日起在优酷视频播出，四季总共播出了 205 期，总播放量 4.7 亿次，平均每期点击量超过 229 万次。视频流量是罗辑思维最重要的流量源，制作视频节目是罗辑思维早期最大的经营成本。对罗辑思维自媒体的解读包括三方面内容：视频讲了什么？哪些最受欢迎？观众的反馈如何？

优酷自频道入口

首先，我对前 204 期的罗辑思维视频进行整体分析。结果显示，将自己定位为生意人的罗振宇讲的最多的其实是历史，例如《大清帝国的生死时速》、《秦始皇在隐瞒什么》、《纳粹的毒瘾》等。历史题材的视频占全部视频数量的 41%。排第二的是聊价值观的内容，例如《医生的敌人》等，占全部视频数量的 18%。第三是探讨趋势类的视频，例如《3D 打印有未来吗》、《创新是树也是网》等，约占全部视频数量的 10%。而大家以为罗辑思维最爱讲的"成功学"内容，实际上不到 4%。另外，以两性为话题的视频仅 3 期，占比小于 1%。

接下来从单期点击量的角度来分析这些节目。"收视率"是衡量电视节目好坏的重要指标，而"点击量"相当于网络视频的"收视率"。在 204 期视频中，第 1 期点击量最高，这个数据与微信公众号用户数量十分吻合。第 1 期的高点击量除了"第1 期"这个先天因素外，还要归功于选题的普适性。《末日思考：向死而生》所引发的思考，是适用于所有人的。此外，这期视频本身的品质也很重要。我本人也是看了第 1 期便被深深吸引住了。所以对于想做自媒体的读者来说，第 1 期视频的重要性不言而喻。接下来聊聊后面的两百多期的点击量情况。

截至 2017 年 5 月 31 日，罗辑思维视频点击量前 10 名如下表所示（数据源于优酷视频）。

罗辑思维视频	点击量（万次）
《女人是一道题》	632
《爱因斯坦的逆袭》	470
《权术表演家》	425
《一次体制改革的反面标本》	415
《成大事者不纠结》	403
《女神是怎样炼成的》	397
《拒绝逃离北上广城市增长见识》	358
《中国从哪里来》	348
《秦始皇在隐瞒什么》	345
《中日贸易如何爱国》	341

同样是知识类节目，在优酷视频中 TED 点击量排第一的是《性高潮不可不知的十点》，是第二名的 1.66 倍。在罗辑思维视频点击量前 10 名中有 3 期关于两性题材的节目，这充分说明了两性问题依然是人们关注的热点。

我们将目光聚焦于那些高点击量的视频，不难发现，和两性有关的话题简直是一颗点金石，不需过多分析也可以大致了解观众对此话题的关心程度。

《爱因斯坦的逆袭》、《一次体制改革的反面标本》、《权术表演家》都被归到历史的类别里面，这类节目是罗辑思维目前做得最得心应手的。这类节目对大家稍微了解，背后却有更多故事的人物、事件进行解读，很容易引发大家的兴趣，再加上一些鸡汤、启示性的内容，点击量就上去了。此类题材的背后往往需要有大量资料做支撑。一般来说，以历史事件、人物为研究对象的题材比较多，各种观点都有，有趣或者让人好奇的素材也多，因此更容易讲得有趣些。就这几集点击量比较高的历史类话题的视频而言，主题都很吸引人，伟大人物背后的故事、政治经历、权谋都能激发人的好奇心，以罗辑思维团队的水平要把这个做的出彩也不难理解了。

截至 2017 年 5 月 31 日，罗辑思维视频点击量最低的 5 期如下表所示（数据源于优酷视频）

罗辑思维视频	点击量（万次）
《离开达尔文的日子》	139
《奇葩陪审团》	148
《腐败黑箱必被砸爆》	158
《法治国什么样》	158
《在一起有后代》	167

在《离开达尔文的日子》上线前有个视频——《杀死上帝的达尔文》，同样低于平均点击量。毕竟达尔文这个人物，不像洛克菲勒有钱，不像秦始皇有权，不像爱迪生有故事。《腐败黑箱必被砸爆》则不同，一方面，关于这种视频内容，社会主流认知已经存在，而且观众对该问题痛感低，往往难以火爆。

视频对于罗辑思维品牌发展的意义

罗辑思维视频的成功给这个品牌带来了巨大的发展，其具有如下重要意义。

第一，成为微信公众号订阅和 APP 推广通道。罗辑思维社群的发展，主要是以视频为流量入口。在每期视频中，都会有对"罗辑思维"微信公众号的推荐，这些广告在开始的一年时间里为微信公众号导入了超过 100 万的订阅用户。后来还有对得到 APP 的推荐，也成为得到 APP 重要的流量来源。

第二，对于罗辑思维来说，视频不仅是极为重要的一个推荐工具，而且也提供了收入来源。2013 年，罗辑思维公司的收入主要来自会员费，超过 1000 万元的会员费让中国媒体界不敢相信。直到现在，会员费的收入和会员人数都是评价罗辑思维品牌价值的重要参考因素。我们在这里顺便看下视频的投入回报到底如何。罗辑思维第一年的视频总成本超过 250 万元，费用包括第一、二、三季合计 17 万元制作费，以及后期平均每期 5 万元左右的制作成本。而罗辑思维拥有 25000 名会员，会员费约 1000 万元。2015 年，会员估值为 20000 元/会员，社群一共有 66000 名会员。因此，罗辑思维的估值为：66000×20000=13.2 亿元。这是会员营收的情况，接下来再看看拉新的情况。大致上，吸引一位新的会员的内容成本为 100 元，获得风投后，回报价值达到百倍。

第三，广告平台。其实这里说的广告也就是视频产品本身，这么说有点费解，接下来稍微解释一下。总的来说，罗辑思维主要的商品还是图书，换个说法，它卖的是知识，这些知识有一部分是在视频里出现的。如果你看了罗辑思维视频就会理解，读书的同时也是在推销这本书，让大家有想买书的欲望。所以图书和视频通过知识连接在一起。你在看视频，其实也是在看那些书的广告，这种方式非常高明。大家如果打过网游，就知道有些网游前十级免费，再往上升级就要收费了。我们以此打个比方，罗辑思维视频就是那免费的前十级，让你尝到甜头，但如果你还想深入了解，那么就要掏钱买书了。我认为这非常正当，卖东西本来就是要激起消费者的欲望，何况"罗胖"激起的是消费者的求知欲。这个方面最典型的例子就是《战天京》，一本滞销 10 年的书，在罗辑思维视频上一讲，10 天便卖了 6 万本，这就是罗辑思维卖书的本事。

当然，罗辑思维卖的东西不只是书，比如常常在视频里给个特写的人偶。视频对于这些东西就是比较普通的广告作用了，只是团队更会玩，总会对这些事说上几句，尽量把这些商品弄得有趣，这里我们就不多做分析了。

广告即内容，内容即娱乐。罗辑思维视频将套路演绎成了经典。不过后来"罗胖"并没有朝娱乐方向走下去，而是走向了泛教育。

第 2 章

FM 世界的一方霸主

罗辑思维音频作为视频的一个延伸，于 2013 年 4 月左右在荔枝 FM 推出之后，陆续在喜马拉雅等 FM 平台推出，在国内 FM 平台播放量相当大。

音频和视频截然不同，音频更加直接地反映了节目内容的质量。我们从喜马拉雅和蜻蜓 FM 这两个主要的 FM 播放软件上看，罗辑思维音频的播放数据有两个特点：第一，时间靠后的音频播放量更高；第二，不同音频之间的播放量差别十分大。我们判断，第一个特点是因为罗辑思维音频的关注人数在不断上涨，受众基数不断增长造成的，因此播放量也就相应上升了。这其中有一部分原因是 FM 平台的成长，我也是从这两年开始重新收听电台的。在 FM 平台上，不同音频之间的播放量差距十分明显，这一点是与视频端截然不同的。这也显示了音频听众和视频观众之间的差别。为此我们在听众中进行了简单调查，并得出以下结论。

首先，听众的时间相对来说比视频用户要更宝贵，其收入可能更高。他们更在乎时间和效率，因此在视频和音频中选择音频。收听音频的场景一般包括跑步、通勤路上、做家务、睡前等。而在这些场景中，音频显然比视频更合适。另外很重要的一点是，对于这些听众来说，罗辑思维音频更多是作为一种消遣，高端、有趣、长知识。从这一层面来说，《晓松奇谈》、《十点读书》等都是非常适合这一群体的音频产品。调查显示，这三款音频产品的确是一部分人的"标配"。

我们以另外一项艺术来做对比：相声。用户更喜欢看相声还是听相声呢？答案是喜欢看相声的人居多。因为我们把相声当享受，看相声表演就是一种放松自己的方式。那罗辑思维有什么不一样呢？我是愿意听罗辑思维音频而不是看罗辑思维视频的，罗辑思维视频有什么好看的，看"罗胖"的脸？随着 2017 年 3 月罗辑思维宣布视频停更，也证明了官方重视音频的决心。制作视频的时间、成本远高于音频，对于用户来说听音频的同时还可以做一些别的事情，因此音频就成了各方的首选。有趣的是，我在看牙的时候牙医就很喜欢播放罗辑思维音频。实际上我们没有把罗辑思维当作像相声那样的艺术，而是把它当作消遣，并且是与知识有关的消遣。也正是由于这个心理需求，才使得罗辑思维音频吸引了一批相对更高层次的听众。他们和视频观众的心理还是有差别的，观看视频本身就是显得重视，更加认真而专注。按照这个心理，相比罗辑思维视频里的画面，其声音才是王道。

第 3 章

罗辑思维公众号

微信公众号是罗辑思维最活跃的用户互动平台，如果没有公众号，那么罗辑思维就不会形成社群、电商以及今天的知识运营平台。罗辑思维的任何活动都会通过公众号来落实，因此这也是创业者观察罗辑思维的重要阵地。本章我们就来分析一下罗辑思维公众号。

1. 地位

在整个罗辑思维的自媒体系统中，公众号的成本不是最高的，但它却起到了地基的作用。

2. 功能

罗辑思维通过视频扩充用户，即通过优酷视频在微博、QQ 空间、朋友圈的转发直接获取新用户。但这里存在一个问题：视频吸引来的用户虽然能通过优酷视频订阅，但不能实现即时互动。用户通过优酷视频与罗振宇互动的频率约为 1 周一次，这就是说这种沟通方式 1 年最多互动 50 次（罗振宇每年需要休息 1 个月左右）。但是微信公众号却可以每天更新，实现天天互动，也就是说 1 年可以有 365 次互动的机会（60s 语音从来没爽约过）。这样算来，通过微信公众号和用户产生的亲密度、熟悉度，周更（每周更新）视频需要花 7 倍的时间才能达到。从这个意义上讲，同样要培养用户习惯，微信公众号用 1 个月做到的事，优酷视频要花 7 个月。这中间剩下的 6 个月，在当今这个互联网时代，足以拿到下轮融资，估值翻数倍。这也是为什么视频节目至今不能承载媒体属性之外的公司盈利模式。罗振宇当初可能就没打算老老实实当名嘴，有更大的"商业新边疆"等着他开拓。

其实要说互动频率最高的还是微信群，但你不可能把所有用户都拉进一个微信群，于是微信公众号就成了首选。此外，微信公众号还能够吸引非视频观众的用户，收获更多用户。还有重要的一点是，罗辑思维微信公众号于 2012 年 8 月上线，当时微信公众号处于有着巨大利润的红利期，有 5 万名粉丝以上的公众号都不容小觑。

3. 60s 语音

放眼公众号江湖，就只有罗振宇能将这个特色栏目坚持下来了。坚持 60s 语音的效果显而易见，从功能上来说，60s 语音的定位是要吸引那些有拼劲、有理想、想出头的读书人。他们需要知识、技能、经验，而罗辑思维可以每天提供 1 分钟给他们，有些内容是鸡汤、常识，还有些则是充满创意和趣味的内容，会激起你的求知欲和好奇心。

以公众号为基础，通过图文内容与用户互动，依靠特色内容留住用户，最后实现商业目的。但是这个模式慢慢也趋于失效，下面我们看一些数据。

2013 年 12 月 20 日，罗辑思维微信公众号上线一周年，订阅用户达到 120 万，当时的阅读率大于 30%。这个阅读率在今天看来是非常高的。2014 年 12 月 20 日，两周年时订阅用户达到 330 万，但是阅读率约 15%，明显下降。2015 年 12 月 20 日，三周年时订阅用户为 560 万，阅读率约 10%。2016 年 12 月 20 日，四周年的订阅用户可能会达到 900 万左右，而阅读率应该会降到 7%以下。可以看出微信公众号的阅读率越来越低，这和公众号的大环境有关，公众号的数量从 2013 年不超过 100 万个发展到 2016 年超过 2000 万个，而微信用户只有 7 亿多。2016 年 10 月，按照新媒体的平均行情，阅读率基本上在 5%左右，即使是如日中天的分享母婴育儿知识的公众号，其阅读率也极少超过 15%。所以能将阅读率维持在 7%左右的罗辑思维微信公众号仍然处于中上水平。从另一个角度来说，虽然公众号阅读率在下降，但大家往往会保留 3~5 个每日必读的公众号，也就是置顶的微信公众号。

此外，我们可以看到，4 年以来真正能够定时、定量地提供稳定品质内容的公众号并没有大的变化。尽管微信公众号数量从 4 年前不到 100 万个到现在超过 2000 万个，但优秀内容生产者往往还是一开始的一批人，即使有新人不断加入，处于金字塔顶部位置的公众号却越来越稳定。虽然当下微信公众号哀鸿遍野，不过垂直细分行业的服务型公众号却暗藏巨大机会，例如分享母婴育儿知识的公众号从形式上看像媒体，但实际这些公众号不做新闻，而是充当类似教育服务工具这种角色。包括我本人所运营的公众号也是服务型公众号。

　　4 年过去了，罗辑思维微信公众号都没什么大的升级和转变，留存的核心客户没有实现指数级增长。微信运营团队实际上是知识的"搬运工"，把套路走熟后，固化的团队容易形成路径的依赖。

　　此外，罗辑思维微信公众号广告内容越来越多，60s 语音和文章像是门口的吆喝。广告会掉粉这是常识。每周五的图书上新日，容易使购买力并非无限的用户收听"断档"。

　　如此看来，微信公众号对于罗辑思维来说更像是一个辅助工具。罗辑思维视频打出天下，微信公众号则跟着保持留存用户，而不是和大多数微信公众号一样靠文案冲锋。但是罗辑思维团队经营微信公众号一直很顺利。要是继续这么往下走，能走多远不敢说，至少最近不会出问题。

　　服务型公众号是一种提供生活服务的，更新周期为每日更新或者高于每周更新的微信公众号，这种微信公众号更像工具而非媒体，任何一个行业都值得拥有一本动态的"百科全书"。是的，如果你将所在行业的微信公众号精心耕耘成这个行业的"百科全书"，那么不管是任何行业，这个公众号都能拥有百万用户。

第 4 章

罗辑思维的 60s——时间的力量

每天坚持 60s 语音是罗振宇最大的标签。纵使他热点频出，一会儿说"爱就供养"招会员，一会儿给会员筹措霸王餐，一会和 papi 酱搞了个新闻，但这雷打不动的 60s 语音却从来没被别的事件影响过。截至 2016 年 12 月，整整 4 年积累了 1400 多条的语音，他声称要坚持 10 年。不管你是否认同他的价值观、内容，在坚持 60s 语音这件事上，创业者应该学习他的死磕精神。

在自媒体的江湖里，60s 语音使"罗辑思维"独树一帜。他曾讲过一个"一针顶破天"心法，60s 语音便是他用四年如一日的坚持，做了件"顶破天"的事。罗辑思维视频在订阅人数、影响力等方面都排不上网络视频的第一。罗辑思维在现场演讲的单场收入和观众人数、微信公众号的订阅用户数量等方面，也不是业内最高。但唯独在 60s 语音这事上，他坚持了 4 年，并且用户规模超过百万、口碑良好，成了唯一。他通过这种方式获得关注和认可，按他自己的话说："开拓了商业新边疆"。

到底罗振宇的这 1400 多条 60s 语音都讲了什么内容呢？其实，读者要是曾经听过一两次 60s 语音的话，就很容易发现，60s 语音其实就是罗振宇的语音日志和推送内容引导。他会和你聊一聊最近的心得，接着引导你看更加深入的文章，这些内容可能是延伸阅读，也可能是关于商品或图书的营销软文。一般这些"心得"是某段书摘或文章，视角很新颖，很容易激发用户的好奇心。

这样说来，60s 语音的广告功能是很明显的，为什么大家还愿意去听呢？原因有以下几点。

第一，广告也不是生来就被排斥的，好的广告照样吸引人。开个玩笑，优秀的广告会让人抱怨，怎么能在广告时间插播电视剧。

第二，60s 语音是有诚意、有创意的，听过后往往使人受到启发，有的人还会再看看音频里推荐的文章，并且转发到朋友圈。

第三，时间仅为 60s，而且是音频，既不浪费时间，也不妨碍听众做其他事情。如果选择听这条音频，那么即使粉丝不喜欢这条音频的内容，也不会感到有太大损失。一言以蔽之，时间成本很低。

我认为这 60s 语音最契合当下碎片化、快节奏的生活，看起来微小却起到了巨大作用。短短 60s 语音就能让用户获得多少人生启迪是不现实的，它承载的信息毕竟是有限的，那么 60s 语言究竟凭什么留住用户呢？我做了小范围的调查，归纳了几类典型的用户人群。

第一类，觉得 60s 语音讲得挺有趣，而且还有用的。这类人群占了微信公众号粉丝的大多数，而且这类用户不会按照引导去看当天的推送。于是出现了一个现象，听 60s 语音的人数远远超过了看当天推送的人数。这类人约占订阅用户的 8 成以上。

第二类，最忠实的用户。他们听音频，看推送文章，并把这作为一种很重要的信息来源。这类用户的数量相对于只听音频的人少许多，评估下来不足用户数的 10%。他们由于各种原因，获取信息的途径有限，但是有着较强的奋斗动力，所以罗辑思维的推送内容是他们极为重要的信息来源和动力来源。

第三类，会积累一定数量的 60s 语音一起放的用户。这一类用户中有的是对时间管理有一定要求，有的是对信息质量和呈现方式有一定要求。总之，这类用户获取信息的途径相对较多（因为懒才攒着听的订阅用户就不好分析了）。

上面的分类不是绝对的，罗辑思维的用户可能不可以简单地被划分为哪一类，有些用户同时拥有不同类别的特质，而不是一直用一种方式对待 60s 语音。

60s 语音它给我们最重要的启示——坚持到独一无二为止。持之以恒，是小学老师就教给我们的道理，但做起来就没那么容易了。互联网时代的坚持总有着与众不同的地方。首先，来看看原子经济和比特经济。

信息化之前的那个时代被称作工业化时代，产品是经济的核心组成部分，例如：粮食、汽车、酒店。以实物为产品的经济可以将其概括为：原子经济。比特是计算机的基本计数单位，例如：微信、手游等以比特为基础生产出来的产品。这类产品产生的经济可以概括为：比特经济。这一段还不很清楚的小伙伴直接百度，此处不再赘述。像我们熟知的腾讯、谷歌、百度等都是典型的比特经济公司，这一经济组织实际已经渗透到我们生活的方方面面。

比特经济的一大优势就是不论用户有 100 人还是 100 万人，产品的服务质量都是稳定的，只要提供足够的服务器就行，服务器不结婚不谈恋爱没有情绪，不用缴纳五险一金而且 24 小时工作。这也是比特经济和原子经济最大的差别，是互联网的最大优势。从这个意义上说，商业产品具有了艺术品的特质，像是一幅画，从诞生那一刻开始，每一个欣赏者都可以领略同样高品质的美。例如你开了一家面馆。如果你要服务 100 万用户，卖出 100 万碗，那么需要开多少门店才能满足市场需求？而如果你开了一个公众号，那么即使有 100 万用户阅读你的文章，也只需要 3 分钟，而一篇文章的创作时间大约只需要 3 小时。

在这个时代你曾经创造出的产品可以完完整整地保存在网上，就像程序员的代码。如果你想成功，那么选定一个方向一个目标，做到所有人都无法代替你。也许这件事不够伟大，但是只要多少有点价值并且能给人以点滴的收获，那么到最后，你的所有付出总会有爆发的时机，而先前的积累就会变成巨大的优势，并让你在这一方向上能够一路向前。不过这一切的前提是你足够独特，而且你深知这种独特会给一群人带来帮助。我认为，正是由于比特经济的此种特性，使商业行为具备成为艺术行为的可能性。于是，我们可以怀着一颗匠心，像艺术家那样去创造新的商业。

在本章最后我们做一个简单的思考，就从每天坚持做一条 60s 语音展开想象。你可以在一年里，每天采访一个行业的从业人员，例如每天专访一位 CEO、保姆或教师等。坚持不断更新，在细分领域不断积累直到"奇点"的爆发。微信的出现已经把中国多数劳动者卷入互联网，我们坚持生长的土壤是存在的。即使在这片土壤中，简单粗放的发展模式已经难以复制，但也很难说明相比过去今天的环境就坏了多少，任何时代都有它的机遇。因此我认为，如果 60s 语音每天收费 1 元钱，那么订阅用户也不一定变少，反倒可能因为针对性增强而获得更多边际收益。

改革开放以来，越简单的赚钱方式越被寡头垄断，对小微创业者来说已经举步维艰。而在资本寒冬时期，我看到的是一个个的希望，若干年后的新巨头中有一些一定是在今天起步的，因为他们的创新，因为他们的独一无二。越是在寒冬，形成自己的特色越重要，你看那些跟从者都逐渐消失，活下来的就是那些异类。我相信，坚持到独一无二，是互联网时代最需要的一种成功方式。你一定要动脑子，会创新，要知道蛮干、苦干就是白干。总结起来就一句话：抓住消费升级的潮流。

第5章

和"罗胖"的初次见面

我和"罗胖"的第一次见面是在录制罗辑思维第 25 期视频《我们这一代的怕与爱》的活动现场。

2013 年 5 月中旬，也就是视频录制的一个星期前，我在罗辑思维微信公众号的文章推送中看到了线下活动的邀请，便立刻报名，准备动身去北京。当时没有觉得自己一定有机会能够抢到票，因为赠送的门票总共才 300 张。当时心里的想法是，如果没能报上名，就当去北京玩一趟。

出乎意料的是，5 月 20 日的下午，我在 QQ 邮箱里收到一份邮件说是抢到门票。收到邮件后，我反复确认，看是不是诈骗邮件。这封邮件是我第一次收到来自北京的邀请。那种兴奋就好像爱看足球的同学得到了一套免费的欧洲杯门票一样。当天我立即在 QQ 空间上发表状态，跟朋友们分享兴奋之感。

5 月 24 日早晨，我走出北京火车站，背着行囊先跑到了天安门，充分游览一番后才去活动会场附近订酒店（原谅第一次到帝都的我吧）。晚上随便找个饭店匆匆吃过晚饭，我便踏着欢快的小步子进了活动会场。在会议厅的门口还领到了两样礼品，一样是茶叶（乡土乡亲，现在是国内茶叶的领袖品牌，产品是凤凰单枞），另一样则是《北洋时代》一书，这两样礼品后来成为罗辑思维的电商主销产品。拿到了好处的我心中瞬间更对罗辑思维好感满满，心里想着："罗胖"很够意思嘛，免费赠票还有吃有拿。

当天的演讲内容在优酷视频里有，本文就不再赘述了，我非常推荐读者朋友们认真看一看这期节目，简单讲三个理由：第一，四年后的今天，这期节目不仅评论不绝，而且越来越多；第二，这期节目对于"80 后"、"90 后"的职场和生活等具有参考价值。第三，节目中的某些观点你可以不认可，但是不应该不知道。

最近我看了看这期视频，发现竟然还有人发出新的评论。要知道这期视频播出已经快四年了，虽然没有第 1 期那样的地位，但至今还能够吸引读者观看，也从侧面说明了这期视频口碑不错。

下面我用自己的视角来分析罗辑思维举办本次活动的逻辑。

这次活动是罗辑思维举办的第一场线下活动，严格来说是自媒体的首场活动运营。说到了运营，我们先了解一下运营是什么。运营就是四件事：拉新、留存、分享以及转化。罗辑思维的优酷视频、FM 音频既是产品，也是拉新渠道；60s 语音与推送文章既是内容产品，也是留存工具；举办线下活动是转化变现的方式；"会来事"活动可以做"病毒式传播"，是分享转发的方式。

在"罗胖"的演讲中，我得到的启发是：运营=热爱。运营就像跟女孩谈恋爱那样，爱到浓情处，不管世人的眼神，一心想着用户能幸福才能成功。这场活动表面上看到的是："罗胖"把自己的姿态摆得很低，自称"歪嘴的胖子"。

有读者可能会说：哎呀，这不就是作秀，我才不信。如果这是作秀，那么谁可以坚持表演四年如一日的 60s 语音？"罗胖"在这次演讲的最后说自己需要用户爱他（好肉麻），在这次活动中证明他渴望被爱的是长达 30 多分钟的熊抱仪式，虽然这 30 分钟在视频节目里被剪成几十秒的小花絮。当时我在现场，"罗胖"对我说的第一句话就是"今天我俩穿的情侣衫哈"。一个熊抱和一句调戏就这么轻易地把我给收买了。

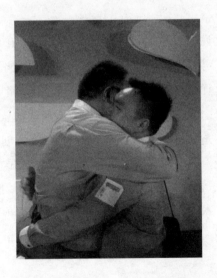

怎么理解这个"被爱"呢？"罗胖"在演讲中这样说，"我们这个时代的人真正的修炼，不是让自己变得有价值，是有人爱你，有人希望我们能成。"这句话讲明了在新商业世界里，"爱"的新意义，把商业和爱放一起并不矛盾。在体验经济的市场下，我们需要一种爱，而这次的拥抱恰恰就是表达爱的一种仪式。我们不能证明"罗胖"对待用户的感情与商业利益时，孰轻孰重。按照他的说法，他就是一个商人。而他的成功路径是自媒体的人格魅力，而不是传统的商业套路。

这个场景也许对读者有所启发。当然也不是说一定要跟自己的用户去熊抱一下，而是熊抱用户的这种仪式感，值得做生意的人们学习。这是当下商人们要具备的基础生存能力，商人们需要保持一种心理，希望用户爱你，也要用行动、仪式来让他们知道你爱他们。不过从反面来说，如果用户不爱你，那就相忘于江湖，这和谈恋爱是一个道理，顺势而为。

从某种角度来说，运营的新境界是用户因为你是你而与你拥抱，而不是因为你有物质价值。将物质价值发挥到极致的典型大概是像百度、微信、天猫这样的互联网企业，功能强大到用户 24 小时离不开。爱的基础建立了，企业自然能够获得不错的收益。这值得引发很多担心未来发展的传统企业的深思。在我看来，让用户爱你和用户离不开你，这两种商业路径都成立，而如果两者都做不好，那么企业很难做得好。

从罗辑思维的角度说，这样的模式难道没有风险吗？在用户眼里，只要"罗胖"在工作，那这家公司肯定不会散；但是如果"罗胖"不工作了，那么公司势必解散。从商人的角度来看，这样很不合理。因为这把企业的命运彻底与个人绑死了，风险过大。无数次有人疑问："万一'罗胖'怎样了，投资人的钱不就打水漂啦？"用户关心企业基业长青，但是却忽略了一个创业事实，我们开创一番事业不再依赖固定资产的投入、内容创业，而且体验经济的公司资金都是快速回笼的，公司的固定资产往往是租赁而非持有。企业一旦步入正轨，每年都会盈利，股东自然总能分到红利。

随着经济的发展，小企业的创新贡献不断提高。百人规模企业的命运是与核心创始人团队直接绑定的。实际上在知识经济、体验经济的市场下，靠谱的创始人发挥着更加重要的作用。

从罗辑思维微信公众号用户数据来看，第四年的增长速度没有前三年高，且日活跃人数没有呈现指数级增长。能爱你的用户只有那么多，到了瓶颈期该怎么办？从 2016 年 6 月《李翔商业内参》发刊以来，其实罗辑思维就已经向用户离不开的知识服务工具路线发展了，一个个知识大咖入驻得到 APP，当个体体量达到流量入口级别时，平台化是必然趋势。

　　为什么要成为有魅力的商人？在移动互联网的场景下，用户要收藏、关注并信任一位商人是极其容易的。你可能创业 10 次，建立数十个品牌，但是只要你的名字不会换，而且你的名字代表了死磕的严谨品质，那么你走到哪里用户就跟到哪里，这也是最近几年跨界创业成功案例越来越多的原因之一。只要你是金子，不管到哪里都会成功。

　　最后是我的个人发现：无善无恶心之体，有善有恶意之动。知善知恶是良知，为善去恶是格物。王阳明的格物，我将其理解为"罗胖"每天坚持的 60s 语音，每一期视频的精益求精。

第 6 章

罗辑思维的热点炒作

热点炒作（"炒作"在书中是中性的定位，并非贬义）一般来说有两种方式：一种是自己创造热点，例如发起微博话题，可以称之为"造浪"；另外一种就是所谓的"追浪"，紧跟最近的热点，借着势头炒作自己，如同海上冲浪，看准浪头，把自己送上巅峰。

罗辑思维团队在热点炒作上颇有成效。为什么他们能利落地出手，且效果出奇的好？这种"炒作"背后代表的是死磕精神。

全力出击的好处很明显，一次集中火力打一个点，不仅出手快，而且能够避免精力分散。从罗辑思维公司成立至今，其比较有代表性的热点炒作有：冰桶挑战、南北充电之路、papi 酱广告拍卖。前两者是蹭热点，最后这个则是"罗胖"造起来的大浪潮。本章主要分析"冰桶挑战"和南北充电之路。

冰桶挑战

"冰桶挑战"是 2014 年全球最热的社交事件之一。2014 年 8 月 20 日，"冰桶挑战"的百度指数达到了 482651，当时对于此次事件的评论如同滔天巨浪。人们有玩嗨的，有争议的，有迟疑的，有行动的。

我们首先来了解一下什么是"冰桶挑战"。"冰桶挑战"是针对肌肉萎缩性侧锁硬化症患者（俗称渐冻人）而发起的一项公益活动。被点到的人要在 24 小时内接受冰水浇湿全身的挑战并将此过程拍成视频放到社交网络上，然后点名 3 位好友。如果不参与挑战，被点名者就得捐款 100 美元。这项活动最开始在美国科技界和体育界盛行，8 月份传入国内后，迅速发展成为一项全民参与的娱乐公益活动，众多知名人士参与其中。由于各方在这项活动的本质、目的上产生了较大分歧，使得此项活动成了 2014 年的新闻热点。

而"罗胖"也参加了"冰桶挑战"活动。首先，他申明自己不是为了慈善而接受挑战的；第二，他违反规则向 25000 多人发出挑战；第三，他收到来自 300 万用户的挑战。其实事件的开端是真格基金的徐小平点名"罗胖"，要他来一次"冰桶挑战"。而他则借势把这次挑战变成了罗辑思维的社群活动，在微信公众号上以 10 元一杯的价格卖冰水，每满 100 杯就可以浇"罗胖"一大桶冰水。

在 24 小时的募款活动中，一共得到 7200 人次募款。次日中午，团队便在北京朗园准备了 72 大桶冰水。活动收尾后，他将 72000 元募款再加上罗辑思维公司的 5000 美元一起捐给了美国的渐冻人慈善组织。"罗胖"完成自己的挑战并且向 25000 名会员集体点名，会员要在 24 小时内接受挑战。至今在优酷视频上依然能看到数千条罗辑思维会员拍摄的"冰桶挑战"视频，综合募款、公司捐款以及社群会员的参与，罗辑思维总共捐款数额在国内可能仅次于王思聪。

那段时间，"冰桶挑战"作为一项全民娱乐活动，本身就因为慈善的娱乐化充满了争议，名人参与其中不仅吸引了人们的关注，更具有重要的公关意义。"罗胖"带着会员们一起玩，激发了社群的活跃性、积极性。我想如果创业者都这么酷地蹭热点，那么这个世界要好玩很多。

南北充电之路

2014 年，科技界有个热门事件——特斯拉 ModelS 上市。上半年，在各地举办的车展赚足了人们的眼球。"罗胖"自然不会浪费这张好牌，经过宗毅的精心策划，罗辑思维把"南北充电之路"一举打造成了 2014 年的经典营销案例。作为活动的发起人，大陆的第一批特斯拉车主宗毅获得了巨大的影响力，从一位名见不经传的制造业老板瞬间化身为创业教父和中国环保领军人物，附带好处是成为湖畔大学第一期学员。

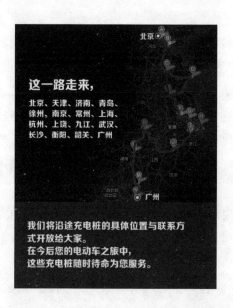

事情的起因是宗毅想从北京开特斯拉回广州，但是从北京到广州这一路充电基础设施不完备。罗辑思维和他想到一起：自费修建从北京往广州沿途的公共充电桩。于是"打通中国第一条南北电动汽车充电之路"活动就这样登场了。在活动开始时，宗毅在特斯拉公司购买了 20 个专用充电桩，然后在罗辑思维社群内部发出消息，希望社群内的朋友能提供停车场地安装充电桩。很快，社群内部热烈地讨论并积极回应，声势浩大的充电之路拉开序幕。直到 2016 年 12 月，社群里还在继续讨论东北充电之路。

2014 年 5 月 24 日，在北京 798 艺术中心，罗辑思维的一群"罗友"围着"罗胖"和宗毅举办了隆重的"特斯拉一路向南试乘发车"仪式。此后，宗毅的行程中每到一站，就在该城市举办一场演讲，并邀请"罗友"们上车体验。

2014 年 6 月 12 日，当充电桩车队达到武汉的时候，宗毅在武汉光谷体育场向 2500 名观众讲述了自己创业路和充电之路。

罗辑思维在此次活动中，及时抓住了全球性热点，然后从社群内部资源发起的大事件——南北充电之路，在各个节点城市的种桩仪式上大做文章，邀请"罗友"来试车玩耍，宗毅邀请企业家分享创业经验。捐助停车场地的酒店获得了登上媒体版面的机会而且未来本市的特斯拉车主会光临充电，对于酒店来说几乎是零成本、高回报；相应的媒体获得了报道热点新闻的机会，环保主题也很符合社会的价值观；罗辑思维通过这次活动凝聚会员，让社会看到社群的巨大威力；"罗友"们有幸亲自体验特斯拉；最大好处的获得者是宗毅，他从此转型成为科技界创业圈的明星，并且成为媒体宠儿。试问有几个制造业老板能成为媒体宠儿，这实在弥足珍贵。做到这一切的成本其实极低，如果老板们都这么勇敢，那么营销还会难吗？做品牌还会难吗？

南北充电之路结束后，他们随即又成功打通了从广州出发并经过福建、浙江的东南充电之路，从广州到成都的西南充电之路以及从广州到兰州的西北充电之路，甚至还有从荷兰出发的环球充电之路。截至 2016 年 11 月，宗毅又开启了东北充电之路。在 2014 年，他登上美国的杂志，特斯拉因为他而入账不少。

从"冰桶挑战"到南北充电之路，我们看到其实企业要获得媒体青睐，可以试着通过一场酷炫的公益活动实现。扫描下面的二维码可以直接看关于 80 天环游世界的新闻报道。

第 7 章

"时间的朋友"跨年演讲

先看一组数据：

2015 年 11 月 4 日早晨 6:30，"时间的朋友"跨年演讲第一批门票开始预售。

99 张 4 万元一套的 20 年 VIP 联票，28 分钟售罄。

7:00 推出 300 张 3.6 万元一套的 18 年 VIP 联票，7 小时售罄。

500 张总价值约为 100 万元的内场 VIP "创业合伙人联席"联票当天售罄。

预售联票收入：1500 万元左右（包括会员折扣优惠）。

3000 张外场门票，价格分别是 880 元/张、1280 元/张不等，也基本售罄。跨年演讲当晚水立方上座率估计在 90%以上。

"时间的朋友"优酷视频播放量：直播和重播合计超过 550 万次播放量。12 月 31 日，优酷会员增长 8 万人，罗辑思维与优酷将广告费分成。再加上 BMW、滴滴、房多多等企业友情赞助，整场跨年活动下来，罗辑思维进账超过 2000 万元。

11 月 4 日当天便有大咖评价道："罗胖"做 20 年跨年演讲以及预售 20 年联票，堪称年底最佳营销案例。

三天假期，朋友圈被这场"时间的朋友"跨年演讲刷屏，这仿佛商界的"春晚"一般。我国有两千多年重农抑商的传统，即使在新世纪，还是有很多人羡慕公务员，也有人认为进入国营企业有编制是年轻人的正途。商人、生意人有时被加上"奸商"等蔑称。相信坐在跨年演讲 VIP 内场的很多朋友都能体会到一种独特的体验，大家共同商讨今年的经济大事，为来年的决策提供依据。

"时间的朋友"跨年演讲时机抓得非常精准，没有专门留意的观众可能不知道这场活动的插曲——韩磊演唱的《花开在眼前》，由"罗胖"和吴晓波联手填词，是纪录片《激荡三十年》的主题曲。可以说"时间的朋友"跨年演讲为中国的企业家营造了一种节日氛围。曾经作为《3·15 晚会》、《对话》栏目制片人，"罗胖"具有一定的先天优势，毕竟他已经有十多年的节目制作经验。

有很多朋友问我，那些一次性买 20 年门票的人是不是疯了？我本人便购买了 18 年 VIP 联票，并与其中 60%的购买者一对一聊过。我发现，在购买 VIP 门票的人群中商人居多，他们信奉自由主义，并非一时糊涂。他们爱自己，也爱自己的事业。"罗胖"并没有加入我所在的 300 人的 18 年 VIP 微信群，但这并不妨碍大家愉快地交流。其实这个 3.6 万元和 4 万元的 VIP 联票对于购买者而言，最重要的是建立人脉。当然这个圈子理论确实老掉牙了，人人都说读 MBA 就是"混圈子"，跨年演讲也是一样，然而发起一个圈子可不是谁都行的。

看到了前些年的"死磕"，我并不怀疑"罗胖"坚持 20 年以上的决心，甚至未来给读书人服务 50 年都有可能。

那么长达 20 年的跨年演讲，是不是"罗胖"首创呢？其实不是，有一位大家耳熟能详的大人物已经举办这种活动长达半个世纪。"时间的朋友"的美国版——伯克希尔·哈撒韦股东大会，在奥马哈连续举办了 51 年，最近 10 年每年到场人数超过 4 万人。可以预见的未来是："罗胖"将来也可能每年聚几万商人搞跨年。4000 人只是起步。

自媒体的高级阶段就是拥有自己的社群年会。2016 年 10 月下旬，罗辑思维官方宣布不再征募四期会员，而随后在 11 月上旬就开售 20 年 VIP 联票。前后相连，其实就是会员体系的延伸，关于社群我将在第 2 部分详细讲解。

后面是两则有关跨年演讲的小故事，当作延展阅读，都是我的亲身经历。

第一则

2015 年 12 月 31 日，罗辑思维被媒体狙击，一家名叫"品玩"的网络媒体，发布一篇题为《罗辑思维的"地下江湖"》的文章，通过对罗辑思维核心用户的采访，将这个社群，以及用户对罗辑思维的负面评价做了重点"揭秘"，甚至有点揭露传销团伙的感觉。大家可以扫描下面的二维码看看这篇文章。文章中提到了我、黎叔还有皮爷。看到这篇文章的时候是晚上 6∶30 左右，我们三人刚好在一起吃饭，准备参加晚上 8∶30 的跨年晚会。

且不评论这篇文章本身的内容，其背后的"用心"就已经足够让人大开眼界。可能很多读者经营了几年企业，有过上万客户，经历过媒体要企业主出钱了事的情况。

品玩当时是与《南都周刊》报道《罗辑思维凭什么这么大魔性》同时采访我的。也就是同一场采访，却写出来了两种意味。如果罗辑思维与读者一样身处传统企业，没有自己的发声渠道，那么被这种媒体要些"稿费"也很正常。

传统媒体也会比较守信，成文后如果企业乖乖交保护费，就不会发表。而互联网媒体发表后，即便企业找它们删帖，得到的回应也是：对不起，元旦 3 天公司放假。于是 3 天的时间，负面新闻刷遍了朋友圈。

跨年这天有两拨人失算了。第一拨人是黄牛，我们买票、换票都在罗辑思维会员微信群里面操作，不是一个圈子的人是没办法贩票的。那么跨年演讲最大的票贩子是谁呢，当然是我了。但我并没有赚差价，只是与人方便而已。经我手的交易超过 20 笔，共计 4 万余元。第二拨人是和品玩一样的互联网媒体，他们当罗辑思维是软柿子，认为在重大年会这天耍套路依然奏效。罗辑思维 CEO "脱不花"选择不回应，因为社群内部自动辟谣，而至于不认识我、黎叔和皮爷的人，他们的看法重要吗？是的，超过百万人阅读又怎么样？认识我们的人都知道真相，跨年演讲 5 个月之后黎叔还拿到了天使投资。

是什么能让公司脱离公关危机？是公司卓有成效的自媒体，或者用户社群。

第二则

这是我和 VIP 会员们的故事。这 399 位土豪，其实多数不在北京，他们大老远来参加跨年活动，元旦肯定是回不去的。为了让他们能在北京一起好好过个年，我提前半个月通过同学与水立方附近 1 公里多的一家四星级酒店签下合同，包下跨年活动当天的 120 套房间。

在北京举办的跨年演讲中，其实罗辑思维官方是不可能出面解决大家住宿问题的。就像艺人在北京办演唱会，粉丝需要自己找酒店。但是"时间的朋友"跨年演讲的 VIP 会员可不傻，他们都是拥有众多资源的创业者。这样的大好机会我当然不会错过，于是主动扮演起"东道主"的角色。在官方安排大巴车接送之前，我在北京本地 VIP 会员群里组织了车队，准备接送住酒店的会员，尽管最后发现最快的往返方式是走路（当天湖南台在鸟巢举办跨年活动，凌晨 1 点，好几万人从两大体育场涌出，车辆堵成一片）。

场外，会员的聚会更多了。有互联网餐饮 CEO 组织会员们做分享活动，有北京本地会员组织的下午茶小聚。而我早在 2016 年 12 月 20 日之前便准备好"元旦头脑风暴小灶"，并通过"在行"平台上约到数位互联网创业公司的一线朋友给外地会员们讲解传统企业如何利用互联网给自己升级。在此也要感谢他们的支持，他们分别是：《社交红利》作者徐志斌、人人车运营总监范秦、百度糯米运营总监邹庆、电影人运营总监陈胜以及暴风魔镜设计者王东葵。元旦这天，大家分成了四五桌并根据自己企业的具体困难和细节跟这群经验丰富的互联网"老司机"取经。为什么我舍得投入这么多时间和精力来做这件事呢，直觉告诉我必须这么做。

其实在 399 位 VIP 会员中，肯投入时间帮助别人，以及为了自己的事业做推广、搞社交活动的大有人在，不需要"罗胖"出面，就能玩嗨。"时间的朋友"跨年演讲已然形成了一个社群圈子。未来有人退出，也会有人进来，3.6 万元是个门槛，一个不太高的门槛。

第 8 章

papi 酱的故事

2016 年，"网红"这个概念很火，随之而来的有"网红经济"等一系列名词。我不太想把网红这个词用在 papi 酱身上。虽然网红不是一个贬义词，但是目前整个网红群体的素质和 papi 酱还是有差距的。

papi 酱与罗辑思维合作这件事显得特别突然。在徐小平的撮合下，papi 酱及其经纪人和罗辑思维 CEO "脱不花"第一次见面就定下了合作事项，然后迅速开始第一波刷屏节奏。当时看到新闻的人都很震惊，俩人风格相差甚远。从这里可以看出，"罗胖"的商人本质，有钱赚的事情见着就干。罗辑思维在和 papi 酱合作这件事上总共造了四次浪。

第一浪

宣布合作，真格基金投资 papi 酱 1200 万元，罗辑思维跟投。papi 酱的估值秘而不宣，各方猜测开始，打听不断。一般来说，企业获得风投（风险投资）后恨不能敲锣打鼓地宣传估值，但真实到账金额往往遮遮掩掩。例如罗辑思维宣布 B 轮估值 13.2 亿元，但并没有公布拿到投资人多少钱。papi 酱具体估值多少，无疑给人们留了个悬念。有人判断估值不超过 1 亿元，也有人打听到内幕消息说，估值 2～3 亿元。反正就让大家去猜，讨论的人越多，热传越热闹。其实将估值和投资额留做悬念，就会变成大家的讨论话题，而在 papi 酱事件上，选择公布投资额而不公布估值很有意思。

出人意料的高额投资把圈内圈外人们的好奇心和妒忌感调动起来，却留下了估值这个悬念，大众的期待很高，热点也就顺势而成。2016 年 3 月 21 日，papi 酱的百度指数达到了 167806，这只是第一个浪潮，对后面的持续热点"炒作"起到了开路先锋的作用。papi 酱与罗辑思维宣布合作成了那一段时间内娱乐、商业新闻的头条，成了人们茶余饭后讨论的话题。

第二浪

第二浪是 papi 酱的视频广告贴片招标会，这也是 papi 酱的第一次商业行动。本次行动由"罗胖"一手操盘，旨在实现新兴力量——网红的市场价值。

papi 酱贴片广告拍出天价，我并不意外。

第一，papi 酱从发布短视频开始，不论粉丝涨到十万还是一百万，她都把广告合作一直摁着。从这一点就能看出其志不小。

第二，有眼光。在稳坐"第一网红"的交椅后，她不断挑选投资人，寻觅战略投资，不搞代购、代言的"小生意"，直到徐小平撮合罗辑思维来操盘，一举搞出大新闻。

第三，运营团队靠谱。罗辑思维公司能够运用有限的资金实现很高的传播价值，南北充电之路就是一个例子。

在某些媒体人的眼中却不是这样，他们眼里"不入流"的小视频能获得 1200 万元投资已经令人眼红羡慕，从没打过广告的菜鸟刚出江湖就要坐"标王"（标王，指投标价格最高者）宝座。这岂不是打了很多广告人、媒体人的脸，混了二十年还不如一个新手！而互联网圈另一派的体验则是扬眉吐气，原来想都不敢想的"标王"由新媒体人历史性接棒，互联网人再次创造历史。

第三浪

第三浪是 papi 酱视频被广电总局要求下架整改，而且该事件发生在 papi 酱贴片广告拍卖的前夕。这个敏感的时间点很容易让人浮想联翩，是不是他们自己人搞的鬼？更有甚者找出了"罗胖"朋友圈的侧面证据——"今天是国际智商测试日。今天朋友圈传谣言的，将获得'弱智'称号。"人们分析如果 papi 酱收到了整改消息，那么罗辑思维应该是第一时间就知道的，但是"罗胖"却出面否认，然后再等消息坐实之后出来说明，这有"炒作"嫌疑。其他的证据和分析还有很多，读者朋友可以自己查找，这里不再赘述。

假设"炒作论"成立，分析一下罗辑思维团队在此次炒作过程中的高明之处。有人向广电总局匿名举报 papi 酱在节目中说脏话的时机很有意思。为什么广电总局没有在 papi 酱宣布收到风险投资的时候要求整改，没有在宣布竞拍标王的时候要求整改，偏偏在即将拍卖的当口这么要求呢？这就是利用人们幸灾乐祸的心理，大家等着看"罗胖"出笑话。锦上添花和落井下石的心理都是人之常情。

支持罗辑思维和 papi 酱的微信用户转发官方的澄清文案，不支持罗辑思维和 papi 酱的微信用户转发"封杀"的文案。不论哪种用户行为，其最终的结果都是提高了曝光率，进一步推高全社会对 papi 酱"标王"的关注，间接地推动了拍卖价格。无论帮你的人还是害你的人都在拼命为你赚钱，这场景也是难得一见。

罗辑思维把握到人性弱点，在整场"封杀"传言中第一时间得到大众的同情；经过疯传"标王"泡汤谣言后，papi 酱再一次赚到免费广告。能将伤害翻倍转化成舆论收益，运气、定力、智慧缺一不可。整改当天，papi 酱的百度指数达到了她的历史最高点 254470。

第四浪

新媒体"标王"以 2200 万元的价格成交，当天，papi 酱宣布所得金额全数捐给母校中央戏剧学院，并设立基金。捐款的决定出乎意料，却也在情理之中。这使得前面所有的抹黑变得无处立足，因为就算"初出茅庐"也敢称"王"，就算被整改也能安然恢复，而且她还是把胜利的果实留给大家共享，舆论也无可指责。2016 年 4

月 22 日，"标王"公布捐款的第二天，papi 酱的百度指数达到 222117。

我们可以看到，papi 酱"标王"事件是严格而完整的年度大戏，公众、资本和企业都有着自己的位置。这场大戏并不像公众看到的那样简单，其背后的逻辑是资本的逻辑，是商业的逻辑，其精彩程度甚至超过数十亿元票房的电影。

随着社会的不断发展，生活和经济的关联度日益提高，每一次公众的狂欢往往离不开商家幕后的精心策划。炒作热点甚至比影视编剧更有技术含量，编剧只考虑好剧本里的人物性格就可以了，而炒作却要把整个社会的人性都要算计进去，像赶羊群一般推动剧情朝着有利于自己品牌的方向走。在 papi 酱贴片广告拍出天价的事件中，群众们找到了自己的角色扮演，papi 酱、商家和罗辑思维赚到钱，媒体赚到题材，中国传媒大学赚到一笔孵化基金，可谓多赢！

第 2 部分

社群

通过社群篇，你可以获得什么？

虽然罗辑思维到 2016 年已经不再以社群自居，但是各种社群形态依然在蓬勃发展，罗辑思维大量的社群运营案例值得每一位互联网社群从业者研究。

作为学生社团带头人，如果能借鉴罗辑思维的社群运营方法，让本社团更好玩，留下更多值得回味的记忆，那么也不枉大学光阴。

作为公司新媒体运营的一线员工，当领导提出不符合社群基本法则的要求时，本章有很多依据可以支持你思考和反驳。

作为创业者，在面试以及管理社群运营岗时，如何判断他们在策划社群活动以及进行社群运营工作时是否靠谱？罗辑思维有一支很给力的社群运营团队，他们的很多做法也值得学习。

如果读者朋友希望深入研究社群，那么推荐以下书籍：

马克斯·韦伯《新教伦理与资本主义精神》

徐志斌《社交红利》系列

第 9 章

社群是什么

社群这个概念在这几年非常火，不少人建个微信群就说自己在做社群的运营。社群概念是需要界定的，什么样的群体叫作社群？社群组织之间有什么不同？社群对企业来说具有哪些意义？

本章讨论的社群具有三个特点：1. 社群有明确的目标和价值观；2. 成员的构成比较简单，人们具有相似的收入和需求；3. 具有凝聚力的基层组织。

商家—用户关系

我们先从工业时代讲起。在工业时代，对于商家来说，消费者只有两种身份，用户和非用户。购买产品或服务的是用户，反之则不是用户。所以，工业时代的企业为了赚取利润必然会想方设法去吸引用户，包括提升产品的质量、打折促销以及拓展销售渠道等。总的来说，没有用户就没有利润。

随着竞争越来越激烈，如果每次交易都是新用户，那么对于商家来说成本将很高。有什么办法能够让获取用户的成本降到最低？会员制度应运而生。会员制度要求用户支付一笔会员费，通过增值服务留住会员身份，成为长期甚至终身用户，会员因为受到的个性化服务而不再轻易换商家。

到了互联网时代，商家和消费者的关系又得到了进一步发展，消费者被分为五层乃至更多。

第一层是准用户（潜在用户）。他们知道商家品牌，浏览过商家的信息，例如在商场逛街，可以看到一户户商家，虽然不一定会进店购买，但是已经进入商家的影响范围。

第二层是普通用户。可以想象一下超市的试吃场景，当用户在超市里试吃的时候，就是商家的用户，但是用户没有付费行为。又或者人们在应用商店下载的应用程序，很多都是免费的。在互联网环境下，普通用户的存在是极为普遍的。

第三层是付费用户（客户）：也就是客户的关系，用户对商家提供的服务和产品产生购买行为。

第四层是会员。与一手交钱一手交货的形式不同，会员对商家需要预付费。

第五层是 VIP 会员。"罗胖"跨年演讲的 18 年和 20 年的 VIP 会员就属于这个范畴。

自媒体的运营需要有足够的前两层用户，而社群运营的目标则是有一群铁杆支持者，能够长期购买商家的服务或产品，达到不再为生存发愁的理想状态，从而将所有的精力投入到产品研发上。

从这个逻辑出发，商家需要做的事情是营销，通过各种宣传、优惠，想方设法地获得更多付费用户，尽可能多地把普通用户转换为付费用户。互联网企业和非互联网企业在营销方面的重点和方式略有不同，有的互联网企业不太需要付费用户，只要有流量就行了。但是它们整体的思路都是一样的，都需要站在商家的角度去吸引用户，完成商业行动，直接或者间接地获利。

营销的方法随着时间的推移，也在不断地发生着变化。在商业文明的洗礼下，消费者渐渐理解了"顾客是上帝"这句话。运营，应运而生。同时，对于商家来说，在准用户—普通用户—付费用户的链条外，又多了一个类别，那就是会员。

目前大家最为熟悉的是持有某家店会员卡而拥有的会员身份。持有会员卡的会员可以在这家店里以相应的折扣购买东西，或者通过积分获得商家的礼物等。但这不是我要说的会员，我要说的是商家运营社群的会员。会员与非用户—普通用户—付费用户关系链是两个逻辑。后者是基于商家的盈利与否对人群进行划分，而会员则是根据价值观、兴趣的异同而产生的概念，如果一个人是某个社群的会员，那么应当在价值观或兴趣上和其他成员有共性。

社群的要素

社群的要素包括以下几种。

- 一种共识

"罗胖"将其称之为气味相投。对一个社群来说最重要的是会员之间有相似的价值观或者兴趣。不论这个是共识、价值观还是兴趣。对于商家来说，要做的就是找出这种共识，甚至有时候还需要从用户身上诱导出这样的共识，然后不断更新、加强这一共识。举个例子，对于某个明星的粉丝而言，他们的共识就是对于该明星的喜爱，而这一共识会随着明星的职业发展而不断更新。特别是对于很多当红明星来说，这一共识往往是被加强的，所以你可以看到许多粉丝团具有强大的力量。

那么罗辑思维社群的共识是什么呢？罗辑思维社群会员往往是一群喜欢看书、热爱思考的人，通过"罗胖"聚集数万名会员。罗辑思维会员的共识就是读书和思考。而随着罗辑思维的不断发展，该社群出现了更多的商业属性。对于目前活跃的罗辑思维会员而言，商业和自由主义也是他们的基本共识。

- 一群属性相近的人

一群爱跑步的人能够组成跑步爱好者社群，一群律师能够组成律师职业社群。属性标签越明显、行为方式与社会大众差异越大的社群越具有凝聚力。例如目前我在运营的"月嫂了不起"，就是由月嫂从业大姐们组成的社群，社群日活跃度超过50%。

- 一个明确的目标

如果人和人之间没有共事过，那么他们之间的友谊难以得到升华。社群运营也是一样的，只有不断地举办活动，让会员们长期相处，才能加深默契。目前，大多数社群可以通过微信实现互动，本章说的会来事就是指举办线下活动。2014 年罗辑思维社群经常举办会员专属活动，比如"霸王餐"、"铁杆嗨聊会"等会员线下活动。如果一个社群不能持续而稳定地举办活动，即使当前社群运作良好也有可能是虚假繁荣，甚至会面临衰败的危险。从这个角度看，线下活动的举办情况往往可以反映社群运营是否成功。

另外，从活动的发起者来看，社群活动可以分为官方发起和会员自发举办两种。如果一个社群有会员自发的活动，那么说明这个社群的自组织能力强、生命力强。也就是说衡量大社群好坏与否的重要指标是，社群的核心会员是否有能力自发举办活动。这就有点儿像是牧师体系，整个体系的稳定在于每一个地区有一名有能力、有信仰的精神引领者。

● 一笔运营预算

社群需要一定的资源、资金来支撑其运作。如果一个商业社群始终没有什么现金流，仅仅是单纯的精神活动，那么大家即便费了不少力气参加活动也很难从中获得满足感，而这样的活动实际上是在消耗大家的兴趣和热情，并不能起到设想的效果，最好的活动是能让会员得到利益。如果社群本来不强调利益，那么成员获得的利益可以算是意外收获，这种收获引发的满足感是非常强烈的。

在社群预算中，罗辑思维通过流量置换甲方广告费，各种会员奖品其实都是甲方买的。简单来说就是罗辑思维将自己的广告收益给会员作为线下活动经费。

第10章

霸王餐

主办方预算为零，会员聚在一起吃"霸王餐"

两万多人参加，全国数十座城市同时进行

上百家餐厅提供场地做活动，晚餐半价或免单

是的，这就是罗辑思维的"霸王餐"活动

所谓"霸王餐"就是吃饭不给钱，活动源于"罗胖"最开始提出的一个想法，利用互联网思维吃一顿"霸王餐"。这一想法提出后，各方快速行动，集思广益，经过一个月就实现了。也体现了互联网的免费思维，即"羊毛出在狗身上，让猪来买单"。通过"霸王餐"事件，我们可以看到互联网的与众不同，但很多传统商人仍然看不懂其中的逻辑。

对社群的意义

"霸王餐"其实就是罗辑思维社群的线下活动之一，而且是让大家出来吃吃喝喝、玩玩闹闹还不花钱的活动。这种活动对会员有着天然的强大吸引力，能够很好地增强社群凝聚力，所以"霸王餐"的首要作用就是增强会员的凝聚力。

从另一个角度看，对于社群来说，会员们只有相同的兴趣爱好是不够的，还需要通过一些活动把会员变成一个共同体，从而形成一个稳定的社群。在"罗辑思维"社群诞生之后，亟需一些活动来让"共同体"这个想法真正落地，而"霸王餐"恰好能发挥这种作用。社群的活动越多，仪式感就会越强，这个社群也就会越稳定，越有价值。

对罗辑思维本身的意义

"霸王餐"在巩固社群的同时，实现了一种互联网的新玩法。在这个活动提出来的时候，很多人把它看作是一项试验。

如果成功了，那么罗辑思维社群在互联网玩法上就又开辟了一块新天地；如果失败，那么罗辑思维本身付出的成本被200多家餐厅和众多赞助商分摊了。"霸王餐"的成功，是借花献佛，皆大欢喜，形成了赞助商、会员和罗辑思维三方都从中受益的多赢局面。

对商家的意义

"霸王餐"能给商家赋能，给予商家本身没有的连接潜在客户的能力以及互联网魅力。按照我的理解，"脱不花"说的"霸王餐"是把商家卷进了互联网中，让普通商家能够以互联网思维进行营销、经营，商家不仅要会赚钱，还要能和用户玩得起来。这样一来，商家在消费者心中不仅仅是在卖东西，而是在很酷地卖东西。

罗辑思维对商家进行品牌赋能，拆开来看就是赋予流量以及互联网参与感。参加"霸王餐"活动最基本的好处就是可以获得上媒体新闻的机会。"霸王餐"对于他们而言是广告机会，这已经满足了他们的传统需求。只要商家肯学习，和罗辑思维一起把套路玩熟，就能降低自身的营销成本。按"脱不花"所说，互联网思维就是连接成本的下降。在"霸王餐"活动里，人与人之间的连接和人与商家之间的连接成本趋近于零。

"霸王餐"要怎么玩

发动罗辑思维会员，告诉他们要办一次酷炫的活动

召集商家报名参加，提供赞助

召集一部分会员担任志愿者，集思广益，落实操作方案

让商家和志愿者对接，对接物料等

参加霸王餐的会员找到志愿者，开始"霸王餐"活动

这个流程看上去不复杂，但是对运营团队的考验不小。这项活动并不多么耗费人力，运作这样一个万人活动，罗辑思维官方投入的人力不足 10 人，但他们一个个都得是极具创业精神的精干人才。下面讲几个关键因素。

1. 餐厅

首先是怎么找餐厅？罗辑思维公司给餐厅开出的要求就一条：会员免费或者半价吃饭、提供活动场地。餐厅的名单将会在罗辑思维微信公众号上公布，办得出色的餐厅还会在视频节目中受到表扬，并且成为本市罗辑思维社群的定期聚会地点。这样通过可控的低投入和巨大的想象力吸引了大量商家报名。

2．自组织

"霸王餐"要全国同步吃，这样的管理需要通过"自组织"实现。所谓"自组织"就是社群会员自我管理、自我决策。在"霸王餐"的具体组织上，团队要求各地会员自行组织，每个餐厅要有一名志愿者负责联络对接，且组织"霸王餐"的会员必须符合以下几点要求。

- 铁杆会员
- 有活动组织经验
- 上一届会员引荐的人选优先考虑

这个方案需要有足够多的志愿者才能执行，而罗辑思维社群的凝聚程度够高，因此可以开展活动。从会员的角度看，尽管当志愿者没有物质上的报酬，但是能够把自己秀给本市的"爱智求真"、气味相投的会员们并且拓宽人脉，还能增强自己的组织能力。志愿者组织活动，就成了派对主人，这种当东道主的体验让志愿者得到了极大的满足。

从第一次和第二次的"霸王餐"活动来看，志愿者并不是同一批人，大家的确是抱着好奇心来体验的。那么这种模式会不会有问题，会不会最后大家都没兴趣做志愿者了？我认为目前还不会出现这种势头。自组织的形式在国内正处于上升发展的阶段，我对此持积极态度。从另一个角度说，聚会这种形式通常是受到大家欢迎的，大家聚在一起热闹热闹，多有意思！

不过，除好玩这个原因外，大家参与"霸王餐"可能也带着自己的小算盘。罗辑思维社群中有很大一部分人，都是做生意的，所以"霸王餐"在某种程度上可以说是一群生意人的聚会。在此场景下，大家能够资源共享、交流经验，产生了很多正能量。

正因为"霸王餐"蕴藏着丰富想象力，才会驱动那么多人参与其中。说到底社群就是这样的，因为大家有利可寻，才会投身其中。

3．赞助商

"霸王餐"的最后一关是赞助商。餐厅是主要赞助商，但是还不够。在前两关都过了的情况下，赞助商的问题就不是很大了。罗辑思维这边把事情都张罗得差不多了，"霸王餐"就像一块已经烧好的肉，赞助商就像是佐料，肉需要佐料来提味，佐料也需要肉作为自我展示的平台。两者一拍即合是情理之中的。

罗辑思维"霸王餐"的赞助商包括：瓦伦丁、江小白、冈本、滴滴打车等。

餐厅、一群气味相投的人以及相应的赞助商，帮助"霸王餐"成为经典的社群活动。

我们看到的是罗辑思维因"霸王餐"活动声名大振，人们会说"罗胖"敢冒险，干出了别人干不出来的事情，从而把最大的荣誉给了他。诚然，这个活动中的明星应当获得荣誉，但是我在此想说的是，每一次活动的背后，都有着一群为此付出了极多却基本不被人知晓的人。

其实做"霸王餐"这一活动时，罗辑思维官方后台只有三四位运营人员负责，但是需要他们对接确认的事情却很多。上大学的时候担任过活动负责人的同学都知道，要把一个班的人组织好需要做许多事情。而罗辑思维的这几位运营人员要协同的是 200 多家饭店和 1000 多位志愿者，工作量极大，加班到晚上 12 点以后是常事。在活动的策划方案出来之后，真正把每一个环节落地的其实是他们。

我的"霸王餐"细节

2014 年 1 月 24 日，湖南的罗辑思维社群会员为商讨 2 月 22 日的"霸王餐"的具体举办事宜进行了首次聚会，我也开车去长沙参加了此次聚会，与十多位"罗友"们讨论关于"霸王餐"的玩法。当时我的建议是邀请作家参加"霸王餐"，因为全国参加"霸王餐"的餐厅有 170 多家，而只有参与会员超过 200 人的餐厅，"罗胖"才会亲自到场。长沙总共不到 200 名会员，还要分散在 5 个餐厅，聚不起来，"罗胖"不会来，但我们可以退而求其次。想到都是读书人，我认为应该邀请罗辑思维视频推荐的书的作者前来分享。在讨论的时候，我并不知道邀请作者来长沙参与这个活动是那么困难的一件事。在 2015 年，第二届霸王餐是邀请到了作家的，《战天京》作者谭伯牛就曾经参加过数次长沙"罗友"读书会，不过这是后话了。

"自由人的自由联合"是"罗友"们的基本价值观，罗辑思维官方没有设定条条框框，大家想怎么玩就怎么玩，有想法和行动力的自然会参加。于是我开始邀请作家。第一，作家的接待问题。如果作家来长沙，估计罗辑思维不会报销往返机票费用，而我也报销不了，那么一旦作家应邀，接待就是问题。为了解决这个问题，我只好把全国的罗辑思维 QQ 群全部加一遍。尽管活跃状态的一期铁杆会员其实不到 100 位，我在群里说出自己的想法后，仍然能得到不少小伙伴的响应，大约 100 多位全国各地"罗友"加入到"霸王餐"作家邀请的行动中来。之后，确定了能接待作家的城市，愿意接待的"罗友"。第二，邀请作家的工作。我和志愿者一起整理了 54 期罗辑思维视频中的推荐书目，大约 150 本。作家也是这么多，中国作家不到一半，其中在世约 50 多位，接下来就是收集联系方式了。那时候大部分作家都没有微信公众号，因此我通过微博私信的方式把邀请文案一一发了过去。

邀请作家的理由是，罗辑思维视频每集都有上百万点击量，只要书籍被推荐，当当网、京东网一般会立即售罄。我们作为这些作品的读者，共同参与了这场盛况空前的霸王餐，作家能来参加实在是荣幸之至。

　　回复我的作家有十多位，当然推辞的是大多数。不过幸运的是有三位作者应邀。其中包括畅销书《魔鬼搭讪学》、《魔鬼约会学》作者——阮琦老师，他的书在《你的女神你不懂》这一期视频中得到推荐。于是我将在北京能够接待阮琦老师的十多家霸王餐餐厅列表发给他，他选择了离家最近的日料店。接下来我跟负责那个日料餐厅的"霸主"对接。通过微信群，我们顺利地完成了这次"霸王餐"的作家邀请工作。

　　"霸王餐"作家邀请体验之妙难以言喻。作为一个读书人，为喜爱的作家安排活动，像经纪人一般。于是 3 月份，我又趁热打铁找阮琦老师确定了日程，并将他的一部分空闲时间安排给我——作为嘉宾参加"罗友"们的读书会。阮琦老师都一一应承下来。那年三四月我是乐疯了，分别在上海、成都、深圳、厦门帮助阮琦老师张罗了 5 场"'罗友'嗨聊会"。活动文案、文案发布、活动报道、场地执行以及接待等所有的工作都招募到了志愿者。每个人都赢了：阮琦老师获得更多新书推广渠道；"罗友"们见到作家本人，并向作者提出了自己的读书问题；我在锻炼活动运营、策划和组织能力的同时累积了全国线下活动的人脉资源。

第 11 章

会来事

罗辑思维的"会来事"是"会员来信有事"的简称。"会来事"简单来说是一个让会员能够利用社群资源的机制。当某个会员有什么问题得不到解决时,他就可以向罗辑思维说明自己的问题,申请发布"会来事"通告。一般而言,这些问题都是很好的项目,只是缺少人员、物资等资源,所以向罗辑思维提出发布"会来事"通告,通过在社群内部整合资源的方式来完成这一项目。

"会来事"的规则很简单,只有两条:

- 发起者必须是会员;
- 通过罗辑思维的审核。

"会来事"不定期发布。会员有好的项目就可以发布,而且一位会员可以发布多次"会来事"。这样既确保了"会来事"的质量,又有效地整合了社群资源。通过"会来事",罗辑思维社群会员发起了众多项目。目前,"会来事"发布了将近 200 期,每期都会有一个会员发起一个项目。由于会员来自各行各业,所以"会来事"的项目涉及面很广,并且广泛地调动了社群资源。

"会来事"有个特点,一般只筹资源不筹钱。刚听说"会来事"的时候,我觉得这个就是众筹的模式,一小部分人出点子,一大群人上去帮忙。但是"会来事"却极少筹钱,这是它和众筹最大的区别。正是由于不筹钱,"会来事"才能够把重点放在对会员、对资源的扶助上,同时发起者自行解决资金问题,避免了因为资金导致的诸多麻烦,使得社群内的合作更加高效有序。

在"会来事"上发布通告的会员有不少都取得了很好的效果,例如有位叫作"黎叔"的会员。

黎叔是一名在重庆养了几万只土鸡的乡镇企业家,他想要利用这些土鸡做些产品开发,所以在罗辑思维微信公众号上发布了一期"会来事",招募美食达人。很快,文案、平面设计方面的人找到了他,经过各方努力,诞生了"有它爽爽鸡"这样一个熟食品牌。黎叔就此走上了互联网创业的道路。他在 2015 年下半年开始做重庆小面的生意,到现在不仅发展了十多家线下加盟店,还得到了 500 万元的天使投资。可以说"会来事"改变了黎叔的人生。

对于会员来说,"会来事"就是这样的一个机制,让会员更好地利用社群内部资源，也让社群保持活力。

也许最开始罗辑思维靠共同爱好吸引了一批喜欢知识的人，但是在社群发展中，这种纯粹的爱好已经不能支持社群发展了。现在的罗辑思维是一个商业社群，而对商业社群来说，最为重要的就是资源利用，因而"会来事"这样一个资源利用的机制是必须的。从这个意义上说，"会来事"应该是罗辑思维社群的一个中心内容。

总的来说，"会来事"调动了社群内部资源，让会员们更好地利用社群资源。这对罗辑思维社群而言，有着重要的价值，很值得社群运营者们借鉴。也许，每一个商业社群都需要有这样一个资源整合机制，从而推动社群发展。

正如上一章所言，我在"霸王餐"活动中请作家请上瘾了。

生米煮成了熟饭，罗辑思维的小伙伴也认可了我的组织能力，于是正式给我"转正"，我经手的活动从自发的小活动，变成了组织"扶持"的大活动。我发布了第26期"会来事"，向全国的"罗友"征集志愿者，参与未来作家的读书活动志愿工作，征集了主持人、接待、文案场记、摄影师等各行各业的朋友。这些活动将我的社交圈上升了一个级别，好友从300人升到1000多人。后来我在全国组织了多场活动都是在志愿者的帮助下完成的。

再后来的故事就如滚雪球一般了，我和罗辑思维团队似乎达成了一种默契，在没有合同的情况下，我疯狂地付出（目的是多学些营销知识，扩大自己的影响力），罗辑思维团队则给我提供了各种资源去扩大自己和罗辑思维的影响力。

最后总结一下：第一，新势力崛起的时候要主动寻找自身的价值。不论身在何处，都要发扬不怕吃苦的死磕精神；第二，任何人都有自己的需求，人与人之间总有利益交叉点，只要你愿意连接，就能够成为一座桥梁；第三，在互联网时代，做连接工作是很难赚钱的，但是在这项工作中能够累积经验、人脉，从而得到进步。

第 12 章

会员制

2013 年 8 月，罗辑思维突然推出了"史上最无理的会员制"。很多人认为突如其来的会员制会使这家公司一败涂地。但令他们大跌眼镜的是，不到半天时间，罗辑思维第一批会员席位（5500 个）全部售罄，收入达 160 余万元。

以往自媒体都是做广告，和甲方合作创造收入。仅半天的时间，会员费收入超过百万元，这在 2013 年的微信公众号运营行业是做梦都不敢想的。罗辑思维别出心裁的会员制无疑是一个重磅炸弹，让大家看到了自媒体的新出路，从而引发了媒体广泛的关注。

罗辑思维会员分成两档，一档为亲情会员，200 元 / 年，没有会员权益；一档为铁杆会员，1200 元 / 年，每个月都会收到罗辑思维挑选的一本书。其他的会员特权，包括各种活动的优先权等都是后来摸索出来的。

我们要是以外人的眼光去看这个"会员制"，会发现成为会员并没有什么特别的好处，价格还不便宜。因此会员，更大意义上是对罗辑思维的支持和看好。"罗胖"当时说了一句话，"爱，就供养。不爱，就观望。"这句话明确表示了购买会员就是对罗辑思维的一种支持。也许成为会员会获得一些好处，但是在用户购买会员的那一刻是不确定的，这样一个看似愚蠢的会员制取得了令人意外的成绩，甚至连运营人员也没有预料到有这么多的购买者。

罗辑思维在会员招募之前几乎没有做任何预热工作。这是一种冒险，也是一种智慧。没有预热就保证了成为第一批会员的人，绝大部分都是罗辑思维的高频用户，他们每天都听罗辑思维 60 秒的语音，看罗辑思维微信公众号的文章，因此才有可能在第一期会员招募时便成为会员。

这样一来，虽然招募的会员人数可能会有所减少，但是会员的忠诚度都很高，这个群体的凝聚力也很高。在罗辑思维的会员回报还不确定的时候，这么做减少了会员的不满，也简化了社群运营的成本。所以不预热的做法帮助罗辑思维找到了"真爱"，只有真爱，才会供养。

罗辑思维会员的成功招募说明了一个道理，自媒体能够实现一种不同于广告的模式。这个模式在招募第二、第三期会员时更加成熟，各项会员福利得到落实和改进。会员权利在前面的运作过程有了实践，罗辑思维的会员制看起来走上了正轨。但是，在接受了 B 轮融资之后，罗辑思维却正式宣布不再进行会员的招募。乍一听让人大跌眼镜，为什么要终止呢？

其实，会员招募并不像看起来那样前途一片光明。会员招募的基础是有足够多的罗辑思维用户，事实上用户数量在经过高速增长的阶段后已经趋于稳定。而会员人数虽然在每次征募中有所增加，但是会员人数和普通用户人数的比例变动不大。尽管会员制在实践过程中不断得到完善，但这却没有在会员人数的增长上明显地反映出来，所以会员人数在第三期征募之后很难再有爆发式增长。

那么问题出在哪里呢？虽然第三期会员只有六七万人，但如果罗辑思维只是去运营这六七万的会员社群那么不是也挺好的吗？本来是挺好的，但是资本进入就不一样了。

资本进入之后，罗辑思维的发展机会就来了。所以在 B 轮融资之后，罗辑思维干脆宣布不再招募会员，将发展重心转到电商和项目孵化上。

而另一方面则是政策方面的考虑。像罗辑思维这样的组织人数不能超过 10 万人，这是一条红线。不再招募会员也是出于对现实问题的考虑。这也是其他创业者者需要注意的问题。

会员制的变化，实际上反映了罗辑思维模式的转变。罗辑思维以自媒体起家，而"会员制"的出现标志着其正式向社群发展。会员制可以说是社群发展的一面旗帜，如果要从社群向别的方向发展，"会员制"的结束是自然的，也是必然的。

　　事实上，罗辑思维要结束会员制的想法在计划正式转型电商的时候就有了。从 2015 年起，"罗胖"本人减少了社群活动的参与，基本上没怎么露面，这段时间，罗辑思维的工作重心就是电商业务。

　　为了更好地结束会员制，罗辑思维在招募第三期会员前，做了半个月的预热工作，并且加入了老会员带新会员的"引荐"制度，为的就是尽可能多地招募会员，让会员数量达到一个顶峰。罗辑思维早就想好了要停止会员的招募，所以在最后一次招募时，毕其功于一役。事后看来，让老会员引荐新会员这种方案取得了很好的效果，1500 个引荐人大约引荐了上万新会员，让最后一次会员招募漂亮收官。

　　正式宣布不再招募会员之后，罗辑思维将重心完全转移到电商上去。拿到了 B 轮融资的罗辑思维，有了钱就不能再让会员"供养"自己，开始探索新的模式。

第 13 章

线上交流平台

在社群的日常运作中最为重要的应当是线上互动，只有通过线上互动保持社群的热度才能让社群稳定地运作下去。如果在一个社群的线上交流平台上一整天也没人说几句话，那么这个社群很难成为一个优秀的社群；但如果垃圾信息过多，那么社群也难以发展。

对于罗辑思维社群来说，其线上交流平台还是比较健全的。对于罗辑思维而言，日常交流的聊天平台有微信群，官方信息发布则有微信公众号，另外会员还有专门的会员讨论专区。罗辑思维社群的线上互动基本上是完整的，在社群发展初期，这对罗辑思维公司迅速成长起到了重要的作用。

但是，罗辑思维线上交流平台发展至今，一直没能成为一个高质量的信息交流平台。在最初的发展阶段，社群发展较为积极，在线上论坛里出现的内容大多是发布活动通告以及之后一系列交流沟通的信息。但是随着社群的逐渐发展，线上交流平台的内容质量却没有进一步提升，有效的交流逐渐减少，线上论坛的作用逐渐减退。而目前该社群最依赖的，是即时聊天的微信群。

为什么没能成功地创办一个论坛呢？十年前，国内论坛纷纷崛起，有不少一直走到了今天，但是今天要创办一个论坛就很困难，究竟有什么不同呢？

论坛的生存几乎是完全依靠内容的。高质量的论坛，需要有品位的用户来鼓励内容生产者。十年前购买一台电脑需要花费消费者数月工资，使用论坛的大部分是高收入、受过教育的人。

如今上网的成本越来越低，上网门槛也几乎不存在了。网民数量提升了十多倍，但总体素质却呈现滑坡，好内容找不到匹配的用户，最终出现"劣币驱逐良币"的情况。论坛的使用者很难从众多垃圾信息中获取少量、有效的信息，这样的论坛怎么可能有很好的发展？

此外，智能手机的普及使得网民的上网习惯发生改变，论坛不再是新一代网民的最佳选择，更多的选择挤占了论坛的生存空间，视频、FM，以及微信的兴起使得论坛渐渐淡出了一般人的视线。

如上所说，似乎现在新开办论坛是不可能的事情了。但也不是完全如此，"正合岛"就是一个很好的例子。这是一个估值达到几十个亿的社群，准入门槛极高，所以"岛民"的参与度、发言质量均能得到保证。罗辑思维其实也有自己的准入门槛，但是这个门槛相对来说比较低，筛选能力较弱。所以我们可以看到，罗辑思维论坛上的更新内容除官方的视频和文章外，最多的就是会员转让贴和招商引资贴，互动率不高。

相比而言，罗辑思维微信公众号上的社群互动区却依然保持活力。至今仍有不少人在这个平台上发布合作信息，应该说这是罗辑思维社群中比较好的一个线上互动区。社群互动区以会员为门槛，并且设置在微信公众号上，这就保证了使用人群的数量，同时在社群互动区交流的人们有着诸多相同的属性，也保证了发布内容的质量。但是这个平台太小了，不足以进行大型的活动，所以上面大多是一些"小广告"，这也使得这个平台难以有大发展。

总体来说，罗辑思维社群的线上交流平台比较弱，主要依靠微信群进行即时交流。在进一步舍弃了社群运营之后，罗辑思维社群线上交流平台的发展应该说没有什么大的机会了。这也说明了一个道理，现阶段做论坛是困难的，微信的出现在消灭了一些机会的同时也创造了新的机会。

第14章

建立社群

五个套路

1．以核心内容拉新和留存用户。

罗辑思维视频是罗辑思维社群的地基，其以精心、专业生产的内容吸引了大量的订阅用户。从早期定位为读书人，到现在定位为知识服务商，知识既是罗辑思维新媒体的基础，也是 2014 年社群的基础，还是今天知识服务商的基础。

社群的价值观相当于社群的灵魂，其可以通过内容来表达。能够找到独特价值观是个难点，而能够设法让用户不无聊、不瞌睡地接受新瓶装陈酒的内容是最考验内容生产团队的一件事。

2．用付费制度筛选人

罗辑思维早期的策略是付费会员制，公司通过付费制度检验出黏性高的用户。当通过内容吸引的用户达到一定数量时，就可以进行筛选。付费会员制可以提供重要的收入来源，并支持团队的日常发展。而回馈给会员的最好是标准化的服务。当然罗辑思维早期回馈给会员的是不定期的惊喜，是"罗利"、"会来事"这样促进社群活跃度的玩法。如果不对社群用户进行筛选，那么后果就是社群凝聚力不足，用户因为找不到方向而迷茫，运营团队很累，搞不清哪些用户够配合、够活跃、容易被转化。

3．社群资源的促活（促进活跃度）机制

罗辑思维社群通过"会来事"使会员们能够积极参与并使用社群圈层的资源，增加了社群的活跃度。对于社群来说，实现资源利用十分重要。所谓社群，本来就是人多力量大，如果没有一个这样的机制，那么社群就只能是粉丝类型的社群，也就不是本书讨论的内容了。

4. 方便高效的线上交流工具

坦白来说，这个方面罗辑思维可以提供的案例不多，该社群内最高效的互动平台是微信群，活跃的群并不在官方的日常运营范围内，而是一些热心会员自发组织的微信群。对于绝大多数的社群来说，微信群已经能够满足线上交流的需求了。

5. "有种、有趣、有料"的线下活动

面对面的社交乐趣不能在网络上实现，而线下活动则能极大地凝聚核心社群成员。罗辑思维最著名的线下活动就是"霸王餐"，这个活动对于社群的意义在前面已经分析过，线下活动的威力可见一斑。

社群进阶篇

1. 给社群成员实实在在的好处

靠共同的价值观牢牢吸引人是核心，但是也不能光讲价值观，价值观要变现才实实在在。

罗辑思维给会员发的福利叫"罗利"。2014 年，25000 名会员收到超过 3000 万元的"罗利"礼品，而 2013 年一、二期的会员费才 1000 多万元，"罗胖"讨好起会员来也真是不计成本。不过这些"罗利"都是罗辑思维用流量从赞助商那里换来的，这种让会员受惠的想法通过"罗利"，让会员真切地感受到了，也增强了他们对社群的黏性。

罗利:《罗马人的故事》全套

会员告别礼清单

2. 充分信任会员，授权让他们放手去干

就拿举办社群活动来说，如果没有大家的组织和参与，那么无论如何是办不起来的。社群的发展不能只依靠团队运营者，还需要释放和利用会员的力量，只有这

样社群才能真正发展。

举个例子，2014 年 2 月 22 日和 2015 年 2 月 7 日的两次"霸王餐"活动，全国各地 400 多家餐厅赞助，3 万多名会员参加，影响了上千万人。其中湖南长沙的一个场地被湖南经济频道报道，其他现场也被各种媒体曝光。而正是由于充分给予会员信任，两届"霸王餐"活动才能办得有声有色。

3. 帮助会员取得成功，成就会员

社群是人的集合，人多的地方机会、资源也多，所以大家更可能成功。而这些人，大多也是抱着这个念头参与到社群中来，没有什么比成功更能让人们对社群感到亲切了。

建立起社群资源的使用机制并非意味着万事大吉，社群的运营者需要根据会员的具体情况对其施加帮助。罗辑思维会员从社群中得到帮助，最后事业大有发展的不少，比如黎叔。而罗辑思维跟投，甚至领投的会员创业项目也不在少数。这样的投入，自然能成就会员，成就会员其实也就成就了自己。

社群的远方

在我看来，社群的未来有两大特点：自组织与去中心化。

所谓"自组织"，即发挥社群会员自身的力量，让社群会员当家做主。会员自主进行决策，发挥主观能动性，自己决定社群该怎么发展，该向哪发展。会员自主组织活动乃至社群，可以使会员的意志得到充分的展现，让社群的发展更贴合会员的需求。

由于参与者不同，每个社群都有属于自己的独特的发展道路。在社群发展的初期，符合社群的发展道路并不是每个人都能看到的，所以需要由有远见卓识的人带领社群不断发展。

　　但是等到社群发展到一定的程度，尤其是发展到了规模庞大、人数众多并且分布地域广阔的时候，就需要有一个层次分明的组织结构保证社群的发展。也就是说，让这个结构中的社群会员保证社群的未来发展。

　　尤其是在强调个人作用和个体权益的今天，"自组织"是大多数社群的未来，这一点毫无疑问。

　　"去中心化"和"自组织"可谓是一脉相承。但是"去中心化"的重点在于改造原有的中心化组织结构。

　　一个中心化的组织不可避免会产生诸多不公平，资源会向着中心流动，而信息等资源需要经历一个漫长的过程，从中心开始，然后向外传递。这样一个低效的结构在互联网时代是非常糟糕的。

　　一个更加自由、资源利用效率更高的社群需要一个去中心化的组织结构，以便应对当下越来越复杂的问题。"去中心化"正是这个时代赋予我们的最好机会。

　　综合上述观点，"去中心化"和"自组织"作为两大法宝，将成就属于未来的社群，造就时代的弄潮儿。

第 3 部分

电商

通过电商篇，你可以获得什么？

2015 年罗辑思维仅靠 60 种图书实现销售额过亿。

对于很多做生意的读者来说，罗辑思维在电商方面的成功可以引发读者的以下思考。

零食网店能不能仅靠一款产品卖几亿元？

能不能让一款销量不佳的单品咸鱼翻身？

商品可不可以在上市当天就抢购一空？

罗辑思维在 2014 年到 2015 年的一系列电商营销中创造了一个又一个的奇迹，售罄那天总是引起业界的广泛关注。罗辑思维对于商品的营销把控力，值得每一位生意人好好学学。

第 15 章

最赚钱的书摊

《战天京》

单日销量 1 万册

70 个小时，两万册现书售罄

周销量累计达 53800 册

这是一本名不见经传的图书，而且它是在没有折扣的情况下进行预售。如果告诉你，这本书十年前就出版过，作为一部严肃的历史作品，无人问津，最终积压的库存卖 5 块钱都没人要，那么你是不是觉得有些震惊？这次《战天京》的"复活"都是由罗辑思维公司操盘。这样一场壮观的营销行动充分说明了罗辑思维的营销实力。这场营销大戏的背后蕴含着不少值得我们仔细思考的东西。

《战天京》曾经长期滞销，罗辑思维在获得了作者谭伯牛授予的独家销售权后，制作了《战天京》罗辑思维定制版，用于之后的销售。作为罗辑思维首次推广的图书，这本书装订极为考究，采用线装制作，颇有古典意味，适应了当下的审美趣味，更加有收藏的价值。

独家销售则保证宣传造势不会为他人做嫁衣，让自己成为书籍销售的最大赢家。当然，独家销售有一定的时间限制，罗辑思维需要在尽可能短的时间内将销售数量最大化。这一点也是此后卖书的套路，保证了书籍的高销售量。推出《战天京》一书看似没有经过预热，预售通知也只是在视频节目和公众号上推送。而事实却是，推崇"内容即广告"的罗辑思维其实做了巧妙而高效的预热。

预热就藏在罗辑思维视频节目中。在《战天京》开始售卖之前的几期节目中，罗辑思维视频讲的都是和《战天京》有所关联的人物和故事，有几期讲李鸿章的节目令人特别印象深刻。如此，这些视频内容便成了《战天京》最好的预热，让宣传变成内容，人人都喜欢看而不反感，很顺利地达到了预热的效果，但是观众却不觉得这是宣传。

看似不存在却深入人心，这种近似无形的宣传的确打破了广告和内容的界限，真正发挥了"内容即广告"的力量。

《战天京》实拍图

惊鸿书箱

2014 年 6 月的一个早晨，罗辑思维微信公众号突然进行了一次试验性销售。这次推出的产品叫"未来站在你身后"惊鸿书箱，该书箱内共有六本书，但是书名不公布，标价 499 元，共 8000 套，不讲价，进行闪电销售。

而结果是，在消息放出后的 90 分钟内，这 8000 套图书销售完毕。罗辑思维所销售的产品有很多都是在短时间内被抢购一空，这次图书售卖也是一样，并不令人意外。下面我们来看看这次营销的特点。

惊鸿书箱里的图书书目保密，这就使得购买者无法直接判断图书品质，而可以作为购买依据的，就只有对"罗胖"的信任。从这个意义上说，此次售卖实际上卖的是信任而不是图书。这种测试信任的做法非常冒险，如果当时用户对"罗胖"的信任程度并没有团队认为的那样高，那么这次销售很可能会失败。

不过，在这个活动推出的时候，罗辑思维视频已经快出到 80 期，每期观众稳定在 200 万人次左右，每天打开 60s 语音的用户超过 50 万人，这时正是罗辑思维用户对"罗胖"信任的上升时刻。用户对于"罗胖"的信任程度应该是非常高的，所以信任测试非常有底气。这次试验测试出了用户对于"罗胖"本人的信任程度，相当成功。

从表面上看，消费者的选择权被暂时隐去了，"罗胖"需要代替消费者做出决策。而在"罗胖"做出决策的过程中，最重要的就是对于社群口味的精准判断。用户对"罗胖"本人的口味比较了解，从罗辑思维视频和 60s 语音这些渠道就可以熟悉"罗胖"本人的风格和偏好。而整个社群的偏好和"罗胖"本人在很大程度上是重合的，这也是社群存在的基础。

虽然不知道具体的书目，但是人们认为"罗胖"的眼光还是可以相信的，因此用户会购买此套书籍。对于"罗胖"的信任直接和书籍质量划等号，这样一来，"罗胖"本人对于社群口味的掌握程度就显得尤为重要，要选大多数人会喜欢的书，这样才能维护自己的信誉。

在这个意义上，口味的检验才是此次试验的核心。根据此次销售的结果来验证自身对于订阅用户口味的判断。正确地把握社群中大多数人的口味，这对于罗辑思维来说才是最重要的。

当罗辑思维摸准了社群的口味之后，罗辑思维一直自我标榜的垂直社群的概念才有了落实的基础。

当前图书市场非常拥挤，选到一本好书甚至需要花费比看书更多的精力和资源。"罗胖"在社群中的信誉能够促使成员们降低选择成本。大家不用亲自花很多时间去找书了，"罗胖"帮忙做了这一工作。

大多数读者收到书后觉得这本书确实比较适合自己，倘若这样的情况多出现几次，一个相对稳定的模式也就定型了。罗辑思维为用户推荐书籍，用户根据推荐再决定要不要购买，这样既减少了决策的成本，又提升了图书阅读的效率，也不失为一种不错的购买体验。

说书人如何卖书

尽管"罗胖"一直标榜自己是一个生意人而不是读书人，但是卖得最好的就是图书。

相比于当当网这种书城式的电商平台，罗辑思维的特点很明显。罗辑思维一年卖的书不过几十种，走的是小而美的路线，可能总收入没有那么高，但是利润高。在 2015 年，罗辑思维全年的图书销售额超过 1 亿元。

罗辑思维卖书基于广泛的视频观众，当然这也就是天花板。当视频观众人数趋于稳定后，天花板的制约作用也就相当明显了。

总体而言，罗辑思维在电商方面做得最出色的便是图书。从罗辑思维视频开始起家，"罗胖"作为知识类脱口秀的主持人被大众所熟知，而销售图书也非常契合这一身份。

从上面的两个案例可以看到，罗辑思维卖书的基础是拥有一个非常垂直的读者社群。官方通过视频等方式给用户推荐书籍，用户则直接上商城进行购买。这种模式就像是某些购物平台上的买手模式，罗辑思维就是那个买手，从众多的书籍中挑选出社群成员会喜欢的书，这种能力则来自"罗胖"本人多年的财经行业从业经历和广泛阅览书籍的经验。

为了确保用户满意给出的推荐，罗辑思维采用了多种手段试探用户的偏好。这就像是量体裁衣，先把尺寸量好了才能做出合身的衣服来。对于用户偏好的猜测最直接的体现是罗辑思维视频，根据视频的点击量，就能直观分析出观众的偏好，而这些观众往往就是买书的核心客户。另外，罗辑思维视频中讲到了各种书，而且还穿插了书籍的广告，这些书籍的销售成绩也是罗辑思维判断用户偏好的一个依据。

像"惊鸿书箱"这种试验性的活动也是一把"尺子"。"罗辑思维"在一定程度上已经把握了用户的偏好，就小规模地进行一次销售，验证自己的猜测，以此调整今后的策略。

综上所述，罗辑思维卖书，是在自身的读书经验和对用户偏好把握的基础上推荐一些用户会喜欢的书籍，从而实现精准销售，达到高销售额。扫描以下二维码，了解"惊鸿书箱"活动详情。

第 16 章

甲方闭嘴

小马宋是本次活动的操盘手，是值得文案从业者学习的大师。

2015 年初，罗辑思维在广告领域发起了一个极具争议性的活动，叫作"甲方闭嘴"。一看这个活动的名字就知道，这是广告人对甲方的一种控诉，但也有人觉得这是对甲方的不尊敬。所以这个活动在运营过程中，得到了广告圈和各大公司的广泛吐槽，大家很关注这个活动会走向何方？要怎么解决甲方、乙方之间的这种矛盾？当然大家最好奇的还是罗辑思维最后会把这个活动办成什么样子？

"甲方闭嘴"的活动规则：罗辑思维请来一批国内顶尖的广告人（乙方），然后让各大公司（甲方）报名，乙方自由挑选甲方，确定合作以后无论广告制作过程和结果如何，甲方都不得表示不满。参与活动的公司或个人需要支付 5 万元。

该活动由罗辑思维和广告人小马宋合作举办。小马宋负责招募文案团队，制作出给甲方的广告，罗辑思维则负责宣传等工作。小马宋利用自身的人脉资源聚集了一支由 31 人组成的广告团队。

活动在平台上发布之后，迅速得到了企业家们的热捧，两小时内共有 200 多家公司和个人报名当"闭嘴的甲方"，最后在 72 小时内一共有 1500 家公司和个人报名。主办方从中选出了 40 余家公司，并且给出了针对性的方案。千万不要以为这些公司都是些无名小卒，其中不乏我们熟知的大公司，比如京东、海尔等。

以前都是甲方挑选乙方，"甲方闭嘴"改变了规则，反过来让乙方掌握选择权。

广告圈对于这个活动的质疑主要有以下两点。

（1）文案的质量算不上国内顶尖。

（2）这个活动的形式大于内容，好的项目需要甲方、乙方的共同合作才能完成，"甲方闭嘴"只能是一句玩笑话、噱头。

对于第一点质疑，我表示认同，这些广告的质量一般。也有很多公众号对这些广告作品做出评析，读者可自行搜索阅读，大体来说意见还是比较统一的，这些作品的质量的确算不上一流。

对于第二点质疑，我只能表示部分认同。如果对方是一个及其顶尖的文案高手，那么甲方所要做的就是尽可能地少影响对方，让其自由创作。只有懂行的甲方，才谈得上"合作"二字。甲方、乙方的情况在每一次合作中都不同，这要具体问题具体分析，贸然喊出"甲方闭嘴"或者"双方通力合作"这样的口号都不合适。

　　舆论对这次活动褒贬不一。获得人们的关注本身就是一种胜利，而作为一家企业需要观察和发现的是：为什么"甲方闭嘴"能够得到一大群乙方的叫好和响应？为什么"罗胖"要与小马宋合作？乙方苦甲方久矣，哪里有抱怨哪里就有机会是第一因，罗辑思维向来看到机会就勇敢尝试是第二因。扫描以下二维码，即可阅读相关文章。

第 17 章

读书人的食品电商

2014 年和 2015 年罗辑思维多次操盘食品电商，我们从用户的角度看一看有哪些经验值得快消品类创业者参考。

头采茶

2014 年 2 月底"霸王餐"刚刚结束，闲不下来的"罗胖"又开始了新的社群活动：带着 10 名铁杆会员去福建的茶园采茶、踏春。"头采茶"活动在公众号公布之后，报名的铁杆会员很多，选择的规则也很简单，那便是有铁杆会员身份、懂茶、报名时间早。没能成行的铁杆会员也不必太难过，因为活动结束后，每一位铁杆会员都会收到"罗利"——此行所采的正山小种"君子红"。

头采茶的茶叶是正山小种红茶，包装精美、富有情调，还附上了一同前往的 10 名铁杆会员的临别赠言明信片，可谓情怀满满。这份精心准备的礼物，甚至让有些铁杆会员在收到茶叶后自己不舍得喝，而是留作纪念或者作为礼品赠人。一些 3 个月前交完会员费的铁杆会员直呼超值，这份来自罗辑思维的官方大礼实在让人惊喜，毕竟最开始罗辑思维并没有承诺任何具体的福利。

五千多张铁杆会员明信片都有"罗胖"的签名和寄语。

头采茶之行，众人不亦乐乎。我也只能从照片想象一下被满山茶树包围是什么样的感觉，没有成为幸运儿。但是，"头采茶"的活动也不是就这样简单结束了。此次活动由罗辑思维和大嘉茶事一起举办，大嘉茶事的创始人绿豆，是名铁杆会员。在采茶之行结束后，罗辑思维和大嘉茶事便顺势在社群里开始卖起了头采茶，这也是罗辑思维第一次作为电商卖货。

头采茶一共2000盒，500元一盒，这个价格可以说是比较实惠的，一个上午就售罄了。因为这次成功，越来越多的茶品牌陆续在罗辑思维电商平台上架。对于大嘉茶事来说，第一，实现了品牌在上百万用户面前曝光；第二，进账百万元，毛利应该能打平这次品牌活动的全部经费。在这次活动中，罗辑思维收获一次高规格的会员活动，铁杆会员收到一份走心的福利，乙方则实现了品牌推广和产品销售的目的。

柳桃

所谓"柳桃"其实是国产猕猴桃，"柳"字则指代中国大陆商界教父柳传志，柳传志先生以自己名字命名金艳品种猕猴桃。早在2009年，柳传志先生和联想高层就想进入食品行业。原因一，食品安全问题，用户有"痛点"；原因二，生鲜食品市场大有可为。不管是出于利国利民的理想还是扩展业务的事业心，联想进入食品行业都势在必行。2012年，联想控股成立佳沃集团，正式进入现代农业领域。水果生鲜是佳沃的核心业务，而猕猴桃更是其中的主打产品。

猕猴桃本来是我国独有品种，但在清朝末年被带到了新西兰，并培育出新品种，后被改名为奇异果。到了今天，国内市场基本被新西兰的猕猴桃所垄断，可能很多人会以为猕猴桃是外来物种。也许柳传志先生正是看到了这样的情况，要振兴国内现代农业，依托优良的猕猴桃品种——金艳，创造"柳桃"收复失地。

但是几年下来，"柳桃"并没有像褚橙那样享誉全国，于是柳传志先生找到罗辑思维，想通过新媒体和社群打一场品牌战。一边是商界教父柳传志，一边是互联网社群、电商，如何在这二者之间找到契合点是问题的关键。而罗辑思维给出的解决方案恰到好处——让柳传志请教互联网营销的高手。

2014 年 10 月，柳传志先生在罗辑思维微信公众号上点名向五位互联网大咖请教"柳桃"的营销方案。消息一出来便在互联网圈子里被大量转发，"柳桃"因此引发广大用户关注。

不得不说这个营销真是巧妙。柳传志先生不耻下问，以亲民姿态融入互联网，迅速获得了当前互联网主流人群的好感，从而引发了海量的转发，达到了设想的"病毒式"营销的效果，称得上是参与感的经典演绎。

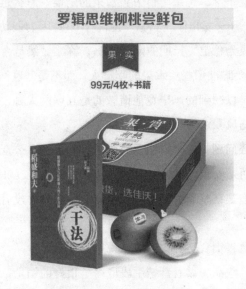

柳老亲荐书籍，关于自我突破

其实柳传志先生在罗辑思维平台上向人请教这件事本身就是营销的核心，与此相比，互联网大咖们给柳传志先生出的主意倒显得没那么重要。不过，这五位大咖给出的方案的确很厉害，比如雕爷的"传志桃"方案，给"柳桃"附加上传志这一属性，与"褚橙"、"柳桃"齐名，非常有看点。后来方案也很快被采纳，成为"柳桃"宣传的一大亮点。

这场"柳桃"的营销最直接的成果是 1 万盒柳桃在半天时间内售罄。和罗辑思维的其他数据一样，这个令人惊讶的成绩很快就被媒体广泛报道，"柳桃"似乎打开了市场，前景无限。

但事实却是残酷的，如今再次打开佳沃的官网，早已不见"柳桃"的身影。而在水果区售卖的，恰恰就是两种新西兰的猕猴桃，这实在令人唏嘘。

"柳桃"败了，主场作战，可还是败得那么惨。一场轰轰烈烈的互联网营销秀，甚至被某公司评为年度前十的营销案例，到最后却只是昙花一现。

总结一下，失败的原因有以下几点。

（1）消费者定位不准。想想平日去买水果的是谁？怎么也不会是关注互联网营销事件的那群人吧。一天卖出了 1 万盒"柳桃"，只是因为调动了这群人参与此次营销，但是这群人会成为稳定、长期的购买者吗？答案显然是否定的。

"柳桃"的广告要瞄准那些买水果的那群人，而不是互联网营销的拥趸。这一点可能是柳传志先生难以想到的，毕竟他请教的是互联网大咖，最后给出的方案也只会是一场互联网头脑风暴。

（2）食品的核心问题是安全。由于我国的特殊国情，公众对于食品的第一要求不是味觉的满足，而是安全。"柳桃"也是，既然是食品，就应该着眼于核心问题，也就是安全问题，但是在整场营销中，安全这一话题始终没有被提及，这就有点本末倒置了。

这场营销和其他售卖食品的案例应该说明一件事，食品，靠的不是营销。虽然目前我们可以看到一些品牌靠着营销手段取得了很好的销量，但是这不是这个行业的未来。食品行业需要的是像褚时健先生那样稳扎稳打做品牌的人，需要一步一个脚印取得消费者信任的人，这样的人才有能力振兴我们的食品行业。

另外，新西兰的猕猴桃产业带来的启示也不小。20 世纪 80 年代末新西兰的猕猴桃产业面临和我们今天一样的困难，果农各自为政，同质化程度高，靠着低价策略争着那一点点微薄的利润，再加上当时出口环境的恶化，新西兰的猕猴桃产业遇到了瓶颈。很快问题就解决了，政府搭台，果农们联合成立了一个"新西兰猕猴桃营销局"，以统一的品牌和产品标准进行猕猴桃营销，出口的猕猴桃品牌名为"佳沛"。从此，新西兰猕猴桃走上了占领全球市场的道路，用一个 100 多年前从中国引进的水果品种占领了全球约 70%的猕猴桃市场份额，地位至今无人撼动。扫描以下二维码，了解"柳桃"推广文案。

真爱月饼

每年的中秋节前，总会有各路大军参与月饼销售的战争。而 2014 年，这个市场也杀入一头大象——罗辑思维。和别人不一样的是，罗辑思维卖月饼的看点主要有两个，一个是众筹，一个是眼花缭乱的玩法。

2014 年 6 月 3 日，罗辑思维发起月饼众筹，招募战略合作伙伴。同年 6 月 9 日，招募了 200 位合伙人，而我有幸成为这 200 名合伙人之一。当时，众筹的玩法在中国方兴未艾，再凭借罗辑思维的号召力，众筹卖月饼的想法很快实现。在多位众筹设计师和众筹机构的参与下，众筹这一形式获得了成功。

其实众筹能够成功并不意外，这个结果不难预料，真正令人感兴趣的是罗辑思维将如何玩转众筹。在众筹的初生阶段，每一个众筹的案例都是有参考价值的。

在此次活动中一共发起了三次众筹，分别是招募合作机构、招募合伙人和招募设计师。招募到的合作机构有第一 P2P（现更名为网信理财）和顺丰优选，两者分别负责众筹的具体实施和月饼的销售。合伙人的招募则拓展到了销售人员，200 名合伙人就相当于 200 名销售，他们因为有了自身的利益当然乐于帮忙宣传。

众筹的核心在于"筹人"，把有本事的人拉到一条船上，船就不容易翻。此次众筹也说明了这个道理，众筹不会玩，拉上第一 P2P；物流不会玩，拉上顺丰优选。人才都到位了，成功也就不远了。

"真爱"月饼的购买方式比较特别，用户在罗辑思维的电商平台或者顺丰优选商城下单后，将账单发送给朋友，让他人代付，以此来测验是不是真爱，这也就是"真爱"月饼名字的含义。罗辑思维推出的这个玩法，核心在于"社交"二字。之所以选择月饼，是看中了月饼承载的历史文化属性。

就此次销售的结果而言，"真爱"月饼无疑是成功的。100 天的时间，在罗辑思维电商平台和顺丰优选商城上一共卖出了 40380 盒月饼，每盒售价 199 元。这让所有的参与者都收获颇丰，甚至使得原先承诺给合伙人的收益翻番。

在罗辑思维官方给出的分析中，有一个词很显眼，叫"关系"。这是一个在过去很多年被"污名化"的词，不少人一听到关系就面露不屑。不过，随着社会的发展，人们对这个词的理解有所变化，"关系"所体现出来的价值得以重见天日。

在中国，商业的核心应该是人与人之间的连接，是关系。这一趋势在近几年有很多人讲到。要重新认识人与人之间的连接价值，要利用好中国的关系社会发展的商业模式。根据这一次销售活动就得出"关系代替流量"的结论稍显武断，但是这一趋势还是很明显的。

"真爱"月饼依托庞大的社群基础，讨巧的游戏化购买方式和诸多小细节获得了成功。这种娱乐化的消费明显更加适合年轻人。扫描以下二维码了解"真爱"月饼活动详情。

孝亲米

2015 年春节的年货市集，在罗辑思维电商平台上线了一款"孝亲米"。大米来自东北五常，而且销售的都是当年的新米。"孝亲米"主打温情路线，以孝敬父母为营销核心，选取了几个经典场景，比如父母吃饭，一看到儿女所送的米就会想起儿女，米成了孝的载体；而另一个场景则是父母年迈，买米的时候搬米很辛苦，而"孝亲米"配送到家，免去了父母的劳苦。如此一来，米和孝便产生了关联，使得米承载了儿女的一片孝心。

实际上，我们在送礼品给长辈的时候，最关心的是安全问题，"孝亲米"以罗辑思维官方信誉作为保障，加上东北大米的质量口碑和当时晒出的安全承诺，成功地打消了消费者的顾虑。此后，"孝亲米"在电商平台上持续发力，从单一的大米发展为包括小米、杂粮等多品种粮食供应商，仅 2015 年一年就卖出了 45000 盒大米，约 45 万斤，销售额超过 500 万元。

总结

上面这些案例有些共同点，首先是食品安全都能得到保障。安全问题可以说是国内食品行业最头痛的一件事，在安全的基础上才能玩各种花样。罗辑思维选取的食品看起来很杂，但选的都是行业内做得比较好的品牌，无论包装还是商品质量都还可以。

除安全保障外，商城的销售都依靠"罗胖"本人的信誉作为支撑，这也是垂直社群的一个特色。但是这种垂直也有个问题，就是商城的规模难以扩大，所以一直到了今天，罗辑思维商城的规模都很小。

我在和朋友交流时得知，在商城上售卖的食品有相当多的竞争产品，比如在淘宝上就有一些商家售卖相同的商品，价格更低，商品质量却并不比罗辑思维的差。

食品销售和图书销售最大的区别在于独家经营权。图书的独家经营让罗辑思维尝到甜头，但是其在食品销售上就没有采取这样的模式。

非独家销售造成的最大问题就是价格上的尴尬。一个铁杆会员发现自己在罗辑思维平台上买的商品正以一个更低的价格在其他商城出售，这就有点被骗了的感觉，实在尴尬。

"罗胖"本人在读书、财经领域是有资格说话的，但是在食品领域就不是那么回事了。没有一条挑剔的舌头，就分辨不了什么才是真正的美食。我觉得"罗胖"对食品的了解是不够的，所以跨界卖食品就很容易左支右绌，吃力不讨好。

最后罗辑思维宣布 2016 年起停止食品销售，我认为这么做很大程度上归咎于专业度的问题。前面说到罗辑思维的产品包装、质量都还可以，但是与其他专门卖食品的商家比较而言，还是存在一定差距。

这对于罗辑思维的伤害是很大的。购买商品的人本就是从 100 多万人中淘出来的，但是因为糟糕的体验，这群忠实的会员反而受到伤害。

脱离产品做营销是危险的，专业的人来做专业的事。我们做每一件事都要保持敬畏之心，互勉。

第 18 章

年货

罗辑思维 2015、2016 年年货市集商品名录如下表所示。

商 品 名	单　价（元）
肉欲横流	368
春节跑步	3000
团圆干货	308
得意忘形	372
大写岭南	176
我是花吃	178
凯叔讲故事	249
情趣	1280
五福临门	488
好好喝茶	148
十里春风	149
山田土	700
孝亲米	138

在这些商品中，收入最低的"春节跑步"，总共 9 单，商品单价太高，商品本身也没什么吸引力。收入最高的是"孝亲米"，其客单价在年货中是最低的，并且契合场景。

年货市集折腾一两个月还不如一本独家销售的书赚的钱多。虽然与传统电商相比没有优势，但年货市集平均成绩合格。年货市集后来没有做大的复盘报告。通过和一些买家的交流，我发现，年货市集最大的问题在于实际客户数量少和口碑差。

有超过 100 万人看到了年货市集的广告，最后的销售额为 900 多万元，似乎取得了很大的成功。但事实却是，年货的买家有很大一部分是公司或组织，他们想买来作为送客户送员工的年底礼物，并且采取了团购的方式。

如果我们将超过十件商品的订单视为团购的话，考虑到团购的因素，那么最后年货的实际购买者数量可能只有几百人，这个转化率不到千分之一。

更要命的是年货市集的口碑，很多购买者成了"一次性"客户。由于包装不走心、质量低于预期、体验值低等因素，不少人收到商品就后悔了。而这些年货大多数是人们买来送人的，粗糙的包装和较贵的价格，让购买者犹豫：是送还是不送呢？

以蓄水池打个比方，电商行业是这样的。

进水口是新媒体。新媒体不断以新推出的内容来吸引新的用户。

蓄水池是社群。社群的一个重要任务就是留存用户。

而出水口则是电商。因为在商品售卖的时候，容易导致用户的流失，这个环节的流失量可能比前两个环节要大得多。

用罗辑思维去拟合这个模型，自媒体就是进水口，"罗友"社群是蓄水池，电商则是出水口。罗辑思维电商平台的商品种类很多，但是相较而言，年货集市的用户流失率较大。

电商环节很容易产生用户流失的问题，而我认为减少这种流失的最好方式就是保持一致性。罗辑思维在入水口和蓄水池的核心都是读书，所以其在卖书的领域也能够风生水起，但是在年货集市的表现上，则显得有些惨淡。因此，进水口、蓄水池和出水口要保持一致。到目前为止，罗辑思维电商平台只能玩转图书领域，除此之外都难说特别出彩。术业有专攻，这对于创业者来说也具有重要的借鉴意义。

第 19 章

读书日直播

在 2016 年世界读书日那天，罗辑思维视频在优酷上开通直播，邀请 10 位朋友分享读书经验，每人半小时。从当天晚上 7 点开始，这次直播共花费 6 个多小时。

这次直播非常符合罗辑思维作为读书社群、知识服务商的定位。和"霸王餐"相比，我们可以发现两者十分不同。"霸王餐"是线下活动，而读书日直播是线上活动，我相信如果能持续做下去的话，这个直播活动会成为罗辑思维社群又一个重要的活动。这 10 位嘉宾挺有分量，让他们分享读书的故事和心得还是让人服气的。豪华的阵容也代表了罗辑思维在社群运营上的决心。

读书日直播和以前的罗辑思维视频一样，都要推荐书籍，只是荐书人变了。每位读书名人推荐若干本图书，然后推荐图书在罗辑思维天猫店铺销售。但是这次的书籍推荐却没有取得以前那种销售效果，原因如下。

（1）推荐图书并非独家销售，流量被其他书店蹭走；

（2）推荐人选择不精准。

此次最具人气的读书名人当数罗永浩。尽管马东、黄磊的粉丝数量也不少，但是在粉丝中读者的数量和比例却不高，而在读书名人里面罗永浩人气最高，他推荐的《分心不是我的错》引发热卖，甚至很多人因此中招，专门去医院挂号。

但是问题依然存在，读书名人不够多，再加上活动时间太长，分享者水平差异较大，何况还可以看重播，因此很少有人能看完直播的全程。

（3）耗时间。

从节省用户时间的角度上来说，直播其实并不是一个很好的形式，因为没有经过剪辑的视频会产生大量的垃圾信息，占用观众的时间。而且罗辑思维视频的观众往往还是一群对时间效率有较高要求的人，直播占用大量时间却只给出少量的有效信息，这是难以让观众接受的。

　　上面说了这么多直播的问题，目的是让创业者从中吸取经验。对于项目最后呈现出的状态，我们应该抱着宽容的心态，毕竟有的项目很可能在 10 年后才真正成长起来。

　　对每一位在创新路上探索的人致以敬意，这也是我对创业者的态度。宽容你们的失败，等待你们的成功。

第 4 部分

平台

通过平台篇，你能够了解什么？

新媒体、社群、电商这三种形态对于罗辑思维来说，难以支撑起上市的目标。从小众到大众，从小店到平台化是罗辑思维发展的必经之路。

同时，我们很多传统的创业者也在面临互联网的转型这一问题，本章不仅讲述了罗辑思维的平台化探索，还包括被罗辑思维"孵化"出来的插坐学院，果壳网"孵化"出来的在行，以及我从一个传统的家政公司"孵化"出来的"月嫂了不起"微信公众号。

如何从"个体户"转型为"大批发商"，如何从老牌网站长出新枝，如何在细分领域分一碗羹，看完这章，你能知道原来还可以这么玩！

第 20 章

天使厨房

　　天使厨房是罗辑思维 2014 年 10 月正式推出的试验项目。这是"不装系统，随时插拔，自带信息，自由协作"的"U 盘化生存方式"的实践，其运行机制是让厨郎、厨娘准备一桌私房菜，设置 10 个左右的席位，自主定价，一个席位定价通常为 500 元左右。

　　我在 2014 年 8 月 8 日深圳"铁杆嗨聊会"听到"罗胖"关于天使厨房的构想，10 月下旬，天使厨房在罗辑思维微信公众号正式上线。这个想法（这仅是我的猜测，因为 10 月正是"雕爷学徒"的项目期）应该与罗辑思维铁杆会员——雕爷，有关。雕爷有一家 O2O（Online To Offline）创业公司"河狸家"，主要业务是上门美甲服务，其业务目前已经扩充到了全美业（美发、美容、美甲、化妆等服务）。2014 年 8 月，"河狸家"估值达十亿元。

　　"河狸家"的口号是"解放天下手艺人"。可能是这一逻辑被罗辑思维拿来放在美食上，于是试验项目——"解放天下厨郎厨娘"的天使厨房，上线了。

　　举办天使厨房活动首先需要确定好场地和厨郎、厨娘人选，然后罗辑思维公众号会在相应的位置发动活动招募，用户抢单报名参加。活动以共享晚餐为主，有时也会是下午茶。天使厨房项目在 2016 年就不再进行了，不知道罗辑思维官方以后会不会重启这一项目，但过去一年的时间，该活动在美食共享的领域给我们留下了不少的经验。

　　天使厨房，从参与者的角度来说，既是社交场合也是美食场合。就和绝大多数的宴会一样，吃饭的地方从来都是交朋友的地方。所以天使厨房从诞生开始社交属性就很强，甚至社交属性强过了美食属性。

　　如果把天使厨房看作一个社交场景，那么这个社交场合的质量怎么样呢？从参与者的素质看来，天使厨房活动主要在北京、上海、广州、深圳、香港等一线城市开展，食客的总体素质相对较高，大多都是社会精英，而厨娘和厨郎的质量更能够保证，他们的水平也很高，因而整个宴会参与者的素质还是比较高的，这使得宴会成为一个高质量的社交平台。

　　那么作为饭局来说，菜品质量怎么样呢？那是相当好的。一桌晚宴客单价五百多元，实际上提供了更高档次的美食。因为菜品都是美食家想和大家分享的，所以他们十分用心准备。从罗辑思维推送的文章中也可以看出，原材料的选择极为考究，有些食材都是直接从原产地空运过来的，这使得菜品品质能够得到保证。

天使厨房的社交质量和菜品质量都很高。另外，天使厨房最突出的特质应该是个性化。每餐菜品都不同，每一次聚会都会遇见不同的人，享受个性化的服务或者说拥有不可预料的饭局体验，是天使厨房的特性。

不过天使厨房也存在如下三个问题。

第一，投入产出比例失调。

天使厨房的招募推送都在罗辑思维公众号第 2 条推送的位置，平均阅读量估计在 2 万～10 万人次之间，阅读者遍布全国。但是天使厨房只在一线城市展开，而这些城市的食客数量约为 2000~10000 人。500 元左右的费用要求报名者收入比较高，具备消费能力的用户成了金字塔尖，当然凑一桌形成抢购还是没问题的。

根据新媒体 2014 年 12 月的市场行情，三百万粉丝微信公众号第 2 条推送的价值超过 5 万元人民币，如果罗辑思维长期拿价值 5 万元的第 2 条推送兑换约 5000 元的天使厨房营收，那么这是极大的资源浪费，项目也就很难持续发展了。

那么要提高转化率很难吗？对，很难。罗辑思维微信公众号的订阅用户遍及全国，如果要提高转化率，就要在上百个城市举办天使厨房活动。而要在相应的城市找到厨郎厨娘，他们的质量就难以得到保证了。此外，该活动也显示出罗辑思维团队的产品控制力基因不足，供应链基因不足。

根据北京、上海、广州、深圳和香港的举办经验，为厨郎、厨娘的质量把关可不轻松。另外，每一位厨郎、厨娘的质量都是对罗辑思维品牌的验证。这种验证也不是毫无代价的，需要在背后付出巨大的人力、物力，这样才能保证品质。所以高昂的运营成本导致罗辑思维官方无力继续支撑这个项目。

第二，供应端不可持续。

我曾经采访过两位厨郎，他们告诉我："天使厨房很好玩很有趣，但不适合赚钱。"对于他们来讲，一桌席位总共价值 5800 元，大家聚在一起吃吃闹闹很开心，但是他自己并没有钱赚。为了精心准备这桌晚餐，需要花费至少一天时间完成准备工作。看起来一桌价值 5000 多元，但是算上食材、场地以及时间成本，他们的收益微乎其微。

所以，即使一桌饭局 10 个席位在罗辑思维平台上形成抢购，产生的经济效益也不高，没能达到早期想帮助厨郎、厨娘赚钱的目标，自然也不可能留住他们。

况且厨郎、厨娘本人多数都在运营自媒体，580 元一席的食客对他们来说社交价值有限。他们的社会地位比较高，工作压力大，周末需要休息。忙活着张罗一天天使厨房，还没什么搞头，这种方式对他们而言，有点得不偿失。

天使厨房的定位是美食分享，本质是食客的社交。按照聚会的模式看，厨郎、厨娘准备好丰盛的晚宴，食客来自读书社群，有美食有佳人，大家可以相谈甚欢。但是项目起步阶段罗辑思维并没有使天使厨房突出社交属性，而是将出发点定位为"解放厨郎厨娘"，是让厨郎厨娘做一桌美食与大家分享，没有刻意设置主题，就让大家随缘聊天。这样，即使参与者有着较高的素质，但是因为没能合理筹划，从而使得社交功能发挥有限。

我们说一个好的社交场合是什么样的呢？一个对的主人、一个好话题、一个好圈子、优雅的场景配置。其中优雅的场景配置是最容易办到的，一二线城市都不缺优雅的厨房餐厅，美食节目录影棚等；对的主人，需要厨郎和厨娘之外的话题主人，而他的信息公布后能够受到食客倾慕；好话题就是能够深深吸引食客的话题，即使粗茶淡饭也能吸引他们跨越地域限制，挤出时间来参加；好圈子，食客不是粗暴地用 580 元的席位划分出来的，而是那些真真正正能够对整场晚宴起到催化剂作用的食客。有句古话：谈笑有鸿儒，往来无白丁。

由于没有事先设计社交场景，所以大家都只是随意聊天，这样的聊天在娱乐休闲和增长见识的效用上都不大，最多有可能让大家互相熟络，但是 10 人左右的场合，没有主题、没有事先规划的聊天简直就是灾难。

虽然参与活动的食客都具有相当的社交价值，但是我们都知道，社交价值高的人群对时间的敏感程度更高，他们对社交效率的要求也会更高。那么一场晚宴活动，虽然说能够认识一些同样有品位的朋友，但是对于当下问题的解决，其概率无异于买彩票。CEO、艺术家、CTO、大咖、网红等，虽然都是成功人士，却不是能简单用钱作为门槛就能轻易形成圈子的。你可能要说交朋友，带着那么多目的干嘛？我觉得，如果运营者抱着这样一种态度，那么项目不出问题才怪。现在大家的生活压力都很大，工作也很忙，约天使厨房何必搞得如此复杂，倒不如收 9999 元年费，给会员每月精心安排一次"惊喜天使厨房"。

到了这个项目的中后期，罗辑思维在朗园办过三次匠人主题的下午茶，这些是带着主题的天使厨房活动。虽然这几次的美食分享与经济、社交都沾边，但是没有做到极致，天使厨房因此失去客户黏性，不够成功。

其实美食分享经济在社交和美食两个方向都可以有所突破。

以外卖为例。乍一看外卖，可能很多人觉得天使厨房和外卖差得很远，但是回家吃饭 APP 就从外卖私厨里做出了花样。回家吃饭 APP 的模式有点儿像网约车，传统外卖的餐饮商家换成家厨，用户点的外卖实际上是私房菜，而家厨可开通外送、自取、堂食（在家厨家里食用）三种模式。对厨郎、厨娘的吸引力在于既能发挥自己的特长又能赚些外快，而用户可以吃到家乡人做的私房菜，而不是外面餐馆的味道，将一定数量的厨郎、厨娘搬上 O2O。回家吃饭 APP 也有劣势，比如送餐比传统外卖慢、价格更贵，但是就因为个性化，使得用户黏性比较高。如果你周边恰好有个爱做饭的同乡人是回家吃饭 APP 的家厨，那么你就可以吃到纯正的家乡味；要是你生病了或者在减肥，家厨还可以为你量身定做病号饭或减肥餐。

目前这种不可替代的个性化，让回家吃饭 APP 能够熬过资本寒冬，生存至今。我们想想看，如果回家吃饭 APP 的用户选择了堂食，是不是就和天使厨房很像了呢？但是它比天使厨房多了一个氛围，如果真的聚了一群人堂食，他们都对这位家厨的手艺很满意，而且地理位置接近，身份地位也相似，那也就具备了很高效的社交属性。

所以，我们可以看到回家吃饭 APP 从现有的外卖的逻辑出发，能够推出一个类似天使厨房的项目。但是天使厨房就像是石头里蹦出来的，架空了自己的逻辑，结果在摸清头绪之前就把自己弄死了。

美食分享经济在社交方向的突破，目前我没有看到什么项目可以拿举例，但是社交的逻辑很清楚。我们要是从现有的聚会模式开始思考，以美食为基础，以共同爱好为桥梁，以活动为机会，十几个人可以非常容易地完成一次高质量社交聚会，如果再加上直播等一系列元素，想象空间巨大。

小插曲：

天使厨房的第一位厨娘李倩后来加入罗辑思维，由她操盘罗辑思维最成功的电商产品——米大叔的孝亲米。我觉得这是天使厨房给罗辑思维带来的最大的收获。

厨娘李倩的公众号：yanrankitchen

第 21 章

万物有灵 匠人如神

2014 年 12 月，也就是天使厨房项目启动两个月后，罗辑思维发起天使厨房活动的升级版——"万物有灵 匠人如神"，征集社群中的手艺人，让这些具有匠人精神的手艺人拿出产品做电商，从而广泛地推进"不装系统，随时插拔，自带信息，自由协作"的"U 盘化生存方式"。让人不需要依赖组织，以自由的姿态展示自己的手艺。虽然说罗辑思维如今不再主打"U 盘化生存方式"的理念，但那时是罗辑思维社群活跃度达到巅峰，大家都相信社群的价值巨大。如今，罗辑思维的发展路径更加清晰，那就是克制电商、停掉投资、战线收缩。此时订阅专栏的大咖们确实如同 U 盘一般插进得到 APP 这套自由协作的系统里面了。扫描以下二维码，了解"匠人如神"活动详情。

匠人创业，是正在发生的现实，但是要发挥效能，是需要强大的平台作为支持的。

A 轮融资后的罗辑思维，目标是上市。在运营"匠人如神"项目的过程中，罗辑思维也找到不少好的投资对象。读者看完我和减肥匠人张展晖的故事，就能大概了解这个项目的特点了。

2015 年罗辑思维帮张展晖卖掉了 1000 多席位的减肥服务，营收 80 多万元，营收也是净收入，因为没有房租、水电、硬件等成本。他每天带领 1000 多人在微信群里打卡，指导减肥，工作依靠手机完成。这样的好项目其实不好找，不好复制，但也是可以实现个人成功的。

"匠人如神"的价值的确存在，减肥匠人真的帮我减了 20 斤。扫描以下二维码，了解张展晖。

　　2016 年 1 月 3 日，我开始跟着张展晖减肥，他告诉了我几项准备工作和需要买的东西——一个特殊的秤，以及第一天的饮食要求、食谱推荐、运动任务。说真的，坚持一个月其实也没那么难。不过能够坚持下来，还是有诀窍的。这里面还运用了市场经济手段：如果我不能按照要求做到，就要支付双倍服务费。如果我超过预期，则能够从他那里赚回一部分钱。在 2 月份，没有张展晖的监督，我通过已经养成的习惯，继续减肥 10 斤，也就是从 1 月 3 日的 162 斤减到了 142 斤（最近还是保持这个水平）。科学减肥知识的作用肯定不小，不然不会那么有效。当然很多通过观看攻略，自制力特别强的人也能够减肥塑身成功而不需要依靠教练。不过对于大多数自制力一般的人还是需要有外力来督促的。

　　故事大概就是这样，我的收获是，事物都有内在规律，找到那个熟悉规则的匠人带一带，养成一个系统的习惯，没有做不到的事。

　　匠人如神，从项目立意上来说，是让专业人士帮助那些普通人迅速解决问题。匠人便能够用系统化的方法帮助人解决问题，而不是穷讲究。很多人总喜欢把匠人与传统手工艺，坚持土方儿、古法搞到一起。其实不然，不断精进的手艺才更能体现匠人精神。

　　当代匠人的生存环境比工业时代残酷得多，因为大家只认第一。匠人如神，每个人都是可以成为匠人的，只要你肯死磕自己的手艺，就能用自己的手艺解决用户的问题。

　　罗辑思维有很多次活动都是喊出来的，其实后面很多活动都不了了之，或者是雷声大雨点小。

这些让人感觉不靠谱的项目，我们拿来当作试验就不会觉得奇怪了。天使投资就是做试验，大型创投基金每年可能会投资上百家公司的天使轮、A 轮，最后能够上市的有多少家呢？50 家，30 家？要知道孙正义玩风险投资二十多年，并没有再投出第二个阿里巴巴。这就跟做试验一样，存在成功率问题。互联网上新项目，就像罗辑思维的会员资格，这件事情没有确定性，没法三包。每个人的体验是不同的。并不是说这是忽悠，忽悠是承诺的产品特性达不到。当下体验式商品很盛行，这是因为用户的关注点其实不好找，于是我们可以通过大量的试验找方向，各种项目都去尝试，广种薄收是创业初期常见的现象。

匠人如神没有取得特别辉煌的成绩，仅仅帮助了大写岭南、杨杰、伍昊、张展晖、陈卓等匠人在 2015 年取得体面的收入，却没有真正发展成为商业模式，原因和天使厨房有些类似。

第一，用户认为匠人如神的价值有限，或者分享意愿不强。为什么分享意愿不强？因为有品位的人太少，你分享给他们也看不懂，不信任，即便是懂了也不一定付出实践；

第二，匠人供应不成规模；

第三，沉下心打磨手艺的匠人数量有限，依靠信息不对称就能赚钱，为什么要活得那么辛苦？

第 22 章

"又一课"游学众筹以及视频节目

2015 年 3 月，在《又一课》视频推出的同时，罗辑思维上线了一个名为"又一课"的游学众筹项目。在众筹平台大量出现的情况下，"又一课"一开始的定位是游学众筹。但从之后的发展来看，"又一课"游学众筹的路线越来越模糊，到最后甚至阵脚大乱，也给我们带来不少经验教训。

从概念上说，"又一课"游学众筹跟《又一课》视频是有关联的。《又一课》视频可以理解成是邀请具有专业知识技能的大师给听众做分享的平台，而"又一课"游学众筹则是让渴望学手艺的年轻人出门游学，成为学徒，这两者可以看作是互为促进的关系。通过"又一课"游学众筹孵化学徒，当学徒日后成了大师，一方面延续了手艺，产生商业价值，另一方面也为《又一课》视频扩充了候备资源。

"又一课"游学众筹要孵化未来匠人，站在更高的层次看有以下两点原因：匠人符合消费升级的趋势，大家普遍愿意购买更加精细、独具匠心的商品；就用户而言，"手艺人"、"匠人"这些称呼在他们心中的认可度很高，有些人愿意成为一名"手艺人"，因此早期学徒和资助者不是问题。

目前和手艺人最相关的电商平台，应该算是销售手工艺品的电商网站。其中比较知名的像美国的 Etsy，其作为手艺人的电商平台，所出售的产品均为手工制作，而且硬是在 eBay 把守的 C2C（Customer To Customer）领域里取得了自己独有的份额。

而在中国也有一些聚焦手工艺品的电商网站，比如手工客、稀品网等。另外在淘宝网和微信上也有不少销售手工艺品的本土品牌。

在"又一课"游学众筹正式实施后，很快就有不少"90 后"参与其中，筹集资金进行游学。有的到国内某位手艺大师那里潜心学习，有的到国外作坊拜师，众筹的资助者看起来都从中获得了不错的体验。罗辑思维用较少的成本换取了相对理想的成果，"又一课"众筹游学的这个开头还是很不错的。

遗憾的是，这个项目的开篇似乎就成了高潮，此后的众筹项目相似度颇高。如果一位青年发起一个游学项目，有着看起来还不错的回报，那么该众筹基本上也都能够成功，但是整个平台的关注度却没有因此增长。也就是说，平台的关注度没能呈几何倍增。

游学众筹,单从游学这一方面来说,就有以下几个问题。

(1)项目相似度高。这些众筹的完成模式很相似,几乎都是发起者发起一个没新意的游学项目,承诺各种回报商品,然后资助者们出钱完成众筹。最终的回报商品低于资助者的预期,没有复购转化,闭环断掉。虽然众筹案例增多了,但却没有对平台本身起到增长作用。

(2)学徒脆弱的供应能力。"90 后"符合"又一课"游学众筹的最初定位。年轻有年轻的好处,同时也有年轻的劣势。他们可能在学习理论知识上富有激情,但在韧劲和人脉上积累不够,真正办起事来往往心有余而力不足。

人们愿意出资给这些年轻人做众筹可不是仅仅为了做慈善,一些人是希望众筹发起者在学成之后能够在这一行业有所成就,有后续的发展;还有一些人其实就是投资人,他们希望能够找到一个好的产品去做天使投资,而不是仅仅通过众筹帮助年轻人圆梦。还有少数人是想要振兴某一门手艺,愿意帮助有志求学的青年。或许他们原本希望能够亲身参与其中但却没有机会,借游学众筹的青年来圆自己的梦。但是在"又一课"游学众筹平台上,众筹完成后似乎就没了下文,围观的用户并不知道后续发生了什么,可能只有资助者和众筹发起者自己清楚发生了什么。这样游学又像是一次旅游,只有众筹发起者获得了较大收益。除一些只是想帮助年轻人完成游学的人收到小礼品外,大多数有着更长远打算的投资人在这次众筹中浪费了感情。

(3)金额少。在"又一课"游学众筹平台上,绝大多数的众筹项目只在几千元。这样的小额资金资助和短时间的学习,使得游学里"游"的成分更重。每一门手艺都需要长久的揣摩和精进,短时间内真正能学到的东西应该不多,这就使得"又一课"游学众筹最开始的匠人孵化理念流于形式,众筹造不出匠人,只造出了游人。

从这个意义上来说,"又一课"游学众筹其实是给手艺人做了广告。众筹发起者到某个手艺人那里去求学,这个手艺人得到了曝光,但是游学项目本身却没有更多发展。在游学众筹没什么起色,在平台不温不火没有打出名声之时,罗辑思维团队渐渐不再坚持游学众筹这一方向。

最典型的例子就是罗辑思维和某创业明星的合作,这次合作几乎就是"又一课"

游学众筹自毁前途的行为。2015 年，罗辑思维和某创业明星合作发起了一项去公海玩耍 5 天的众筹游学，参与者们通过"又一课"游学众筹平台众筹自己的报名费用，一时间"又一课"游学众筹平台上全是要去公海玩耍的项目，当然这个是以"学徒"的名义发出的。

这一次合作在我看来就是自掘坟墓，虽然"90 后"学徒们喜欢这位明星，可问题是出资人认不认你去游学的对象是大师？此次合作虽然在短时间内给"又一课"游学众筹带来了不少的话题流量，但是这一活动也体现出罗辑思维忘记初心，丧失了自己的定位，变得毫无头绪。不久，"又一课"游学众筹停办。另外，罗辑思维也损失惨重。当然如果早就收了足额广告费，那么这不过是吃相不好看的一次活动。

罗辑思维是一家 B2C 公司，但众筹是 C2C 形式，罗辑思维在这方面似乎经验不足，没用相应的人才，吃力不讨好。在众筹平台的运营中，还有一些问题比较突出。

（1）同类型的众筹平台很多，没有特点，不突出。只有坚持罗辑思维最初的路线，完善细节，提供资源，"又一课"游学众筹才能成长为有特点的众筹平台。

（2）没有做出有影响力的案例，一直默默无闻。我认为，罗辑思维最擅长的就是搞个大新闻，但是"又一课"游学众筹从开始到结束，全程都默默无闻，显得很低迷。

（3）流量投喂太少。把"又一课"游学众筹的平台放在罗辑思维微信公众号的二级菜单上，一开始就把流量入口做得很小，很难做出什么效果。

（4）急功近利。在众筹平台没什么大的起色时，罗辑思维选择了争议巨大的合作者，而这人本身的事业和工匠精神关系不大，罗辑思维的这一做法是搬起石头砸自己的脚。

把"又一课"游学众筹挂在罗辑思维微信公众号的二级菜单上，这从客观上就限制了流量，让众筹平台无法增长。最开始，罗辑思维视频是在优酷的财经频道上播出的，依托优酷巨大的流量，罗辑思维才逐渐发展成为今天的状态。但是以罗辑思维的流量足以孵化其他平台了吗？可见"又一课"游学众筹这个平台就难以孵化出来。

"又一课"游学众筹所需要的流量基础甚至比一般的众筹平台还要大。但是罗辑思维微信公众号每日流量仅几十万独立访客数，再从中分一些去供养众筹平台，实在是小马拉大车。

我们再来看用户构成，如果京东在 2015 年做"萝莉"女装品类众筹，那么失败的概率很高，因为那时京东的用户构成不支持卖"萝莉"女装。如果"又一课"游学众筹团队做过调查，那么应该知道"60 后"、"70 后"大叔才是罗辑思维的主要受众。难道真的要卖梳子给和尚才能证明营销能力强？2015 年 12 月 31 日，"罗胖"宣布罗辑思维与淘宝网合作。对呀，搞运营不能任性，全球最会搞运营的互联网公司目前就是阿里巴巴。

起名字和视频同名，项目展示与其他众筹平台相比没有档次，选择战略合作伙伴过于"任性"，这些都没体现罗辑思维的死磕精神。这是什么原因导致的呢？我猜测跟这一年"脱不花"太忙有关系，因为 7 月她家女儿"乐意"出生了。

第 23 章

得到 APP

得到 APP 是"又一课"游学众筹项目的后继。得到 APP 于 2015 年 11 月上线，iOS 版本因为支付协议等问题比安卓版本上线晚一个月。截至 2016 年 11 月，得到 APP 用户突破 300 万。上线后，得到 APP 经过半年打磨确定了新的商业模式，并在 2016 年 5 月 24 日推出《李翔商业内参》，而这个日子似乎是罗辑思维传统的大日子：

2013 年第一次线下活动；

2014 年"特斯拉一路向南试乘发车"仪式；

2015 年的"散伙日"也是这两天。

早期的得到 APP，是没有"罗胖"的罗辑思维。每日更新的免费语音，对应罗辑思维微信 60s 语音；为了帮用户省时间，将原来几十万字的书加工成几万字的精简版，它的价值与罗辑思维视频节目类似，花几十分钟介绍完一本书。帮助人把书读薄读简单是罗辑思维的卖点，只是在得到 APP 上帮人把书读薄的人不再是"罗胖"，用户对他们不了解，语音信息的质量也不能达到"罗胖"的水准。

后来得到 APP 开始售卖电子书。但是根据官方的说法，卖电子书是赔本的。其实这也不奇怪，书籍的电子书发行是需要按年付费的，一次签若干年需要直接支付几万元，若电子书成交额未达到边际点便会亏损，所以得到 APP 在这方面亏本一点儿都不奇怪。

得到 APP 在开始卖电子书时也有一些新的问题，例如其客户有很多是像我一样来自三四线城市，需要有人帮助完成选书的任务，但是得到 APP 的电子书摊模式却让我们重新陷入了选书的窘境。

而后来推出的《李翔商业周刊》一类的付费内容则不同，我们只要知道信息来源是李翔就可以了，不用管书的作者是谁，消息来自哪家公司，这又回到了罗辑思维视频的逻辑上去了。

我曾这么比喻过：

罗辑思维像小学，给国人开智启蒙；

插坐学院等培训像中专，让用户成长；

在行像大学，让用户自主学习，塑造自我。

那么得到 APP 在哪一级呢？

虽然罗辑思维号称知识电商，但大家在划分的时候会将其归类到内容创业中去，教育并不算内容创业，但是现在我认为这个界限正在变得模糊。得到 APP 可以看作是一种教育创业的方式，它让大家可以花钱学习被筛选过的精华内容，这就省去了挑选内容的大量时间和精力。

在用户分享引导方面，得到 APP 为分享文章的用户赠送了每篇 5 人的免费阅读抢读。例如我阅读得到 APP 专栏文章，将文章转发到朋友圈或者发送给某位好友，即使他不是得到 APP 专栏的订阅用户，依然可以看完这篇文章，人数限制为 5 个。

讲完了上面这些，想和读者分享一下我使用得到 APP 的体验。

2015 年 12 月至 2016 年 3 月，我使用得到 APP 的频率大约是每周几次。那段时间我在玖富任职，工作压力比较小，每天会在上下班的班车上收听得到 APP 语音用来打发时间。

得到 APP 上的内容，以新闻居多，但是说多了，也就等于什么都没说，因为很难变成我们工作和生活的决策依据。而听罗辑思维的 60s，4 年来已经成为习惯了，至于微信号的文章，除非朋友圈刷屏或是大型活动，否则是不会看的。

而我从 4 月份起为什么不再使用得到 APP 呢？我曾经订阅了《李翔商业内参》，看过其中三四篇，太长了，而且并不具备帮助制定决策的功能。马化腾、马云等大咖的动向，我实在不感兴趣，况且事实上半年不听得到 APP 语音的我并没有落伍。至于电子书，我买过几十本却一本都没有看。相对于纸质书，浓缩版的电子书实在难以下咽。

我的新闻来源变成电脑上的视频，闲暇时候会听一些古典音乐或者豆瓣 FM。

在工作压力较大的情况下，得到 APP 语音只会增加焦虑，是信息噪音。

在遇到重大问题，需要制定决策时，我会直接咨询朋友，我相信在行业的资深程度上，我的朋友圈是高于李翔的。他毕竟只是个财经记者，不是一线操作人员。因此得到 APP 很难对我产生吸引力。

得到 APP 的优点有以下几点。

（1）实施订阅 199 元的机制，并且引入李笑来、万维刚等专业资深人士。

订阅省去了用户的选择时间，而且具备很大的确定性，而不再是走马观花。其实在实施订阅 199 元之前，很多财经类自媒体的内容质量是在得到 APP 之上的，例如 i 黑马网。

（2）与分答（付费语音问答平台）几乎同步推出了"请客"功能，一位订阅者可以把自己喜欢的内容请客让前五位朋友收看。这类似于抢红包的功能，最有趣的是我们有了一个得到 APP 的资源分享微信群。比如 A 订阅了李翔的《李翔商业内参》，B 订阅了李笑来的《通往财富自由之路》，C 订阅了万维钢的《万维钢·精英日课》等，这样十多人就可以看到所有的订阅了，而且这些分享是通过成员自己阅读筛选出来的，能在一定程度上保证内容的质量。

现在回想一下罗辑思维的平台路径。

第 1 阶段：尝试跨界做食品电商，发现专业的人才能把活干好；

第 2 阶段：让专业的厨郎、厨娘做美食分享，在天使厨房运营过程中发现单一品类没有规模效益；

第 3 阶段："匠人如神"；

第 4 阶段：推行为了得到更多匠人的"又一课"游学众筹；

第 5 阶段：风险投资创业的匠人；

第 6 阶段：回归致力于知识服务的得到 APP。

2015 年，罗辑思维似乎越陷越深，忘掉了读书人的长处不在于做一手好月饼，煮一桌好饭，也不在于能带着用户减肥，甚至成为创业孵化器。匠人精神是专注于自己的手艺，罗辑思维在泛教育、知识服务领域才是行家，才有它的基因。目前罗辑思维回归到读书人的"正道"。一家企业总会走很多弯路，但是摔打后才能成长，曾国藩不就是摔打出来的吗？"结硬寨，打呆仗"就是死磕，但是死磕怎样不至于玩死自己呢？只要还有人爱你，就还有戏。

到这里有关罗辑思维的内容就结束了，我在四年中看到过很多模仿，包括自己也在模仿。那么是不是可以在其他领域也复制罗辑思维式的自媒体、社群、知识服务或电商？我们不仅要看到"罗胖"风光无限的一面，还要看到这家企业绕的弯路有多远。创业的核心是提供给用户服务，不能没有价值。回到罗辑思维举办第一场线下活动的时候，"罗胖"说希望用户们爱他，但在现实里虽然人们爱吃鸡蛋，但很少有人会爱上生蛋的鸡。罗辑思维从图文消息到音频、视频直播以及线下活动，甚至是 20 年的跨年演讲，媒体有什么形式，罗辑思维就会尝试什么形式。从产品单价上看，既有免费的 60s 语音，也有收费的音频；既有 1 元的视频节目订阅，也有 4 万元的跨年演讲 20 年 VIP 联票。

第 24 章

新媒体学习第一站——插坐学院

2014 年 11 月，在罗辑思维微信公众号推送消息中介绍了一家专注"90 后"学习成长的公司——插坐学院，并且附上了加入微信群的二维码。我被新奇的受众人群定位所吸引，于是在关注插坐学院微信公众号的同时加入了深圳的插坐学院用户微信群。2015 年 4 月，插坐学院推出了许多关于新媒体运营的干货文章，因为工作的关系，我开始密切关注这些文章，并且在微信群里留言表示要深入学习新媒体运营，如果有线下课程就一定参加。同年 5 月，插坐学院推出第一款付费产品：首席微信官训练营，我就成了第一期学员。

第一期训练营的课程价格是 600 元，共五次课，周六上、下午教学。主讲老师分别是：何川（插坐学院创始人）、陈为（正和岛主编）、闫跃龙（京东公关总监）、李雪虎（吴晓波新媒体总编）和孙冠男（微信路况总编）。此外，每天的课程还会邀请两三位大咖嘉宾，这里就不一一列举了。

插坐学院的新媒体学习培训有赖于何川的圈内人脉，能够聚集这么多大咖一起捆绑"销售"，相对于同时期罗辑思维的"匠人如神"和"又一课"的定价，花 600 元能接触到 20 多位媒体大咖，训练营的性价比很高。在第一期学员中甚至有两位是罗辑思维的前任员工，看到他们更增加了我的信心，因为他们只有信任并认可插坐学院，才会报名学习。我从 2015 年 6 月开始通过在行以 300 元左右的客单价约见很多互联网前辈以及媒体和营销大咖。从学员的角度看，相比插坐学院，在行花同样的时间成本和资金成本从四十人的共享课堂，变成一人独享，个性化服务，并且具有较好的私密性。从行家的视角看，插坐学院的时间成本高，但一年能够教授的学员从二三十名变成数百名，信息传递的效率更高（在行有一对多团课，但不会超过 10 人）。插坐学院的"从窄门进"战略适合大部分早期创业者，虽然何川的人脉能够在第一期请到 20 位媒体、营销和公关大咖，但是跟果壳网相比，还是难以望其项背。起点不同，能做的事也就不同。

接下来分析插坐学院的用户需求。

（1）系统地提供了高等教育提供不了的最新专业知识，特别是在新媒体领域。

（2）聚集一群志同道合的朋友，能够交流经验，扩大交际圈。

（3）学员在进修之后职业技能长进，可能因此加薪。

（4）使学员对当前的职业有了更加深入的认识。

（5）一个为职场人充电的场所。

新媒体和传统媒体的区别有以下几点。

（1）内容生产的逻辑不同。最保守媒体的内容生产逻辑是"领导要写什么就写什么"；开放型传统媒体的内容生产逻辑是"国外什么比较火，我们就模仿什么"。互联网新媒体会依据用户在网上留下的痕迹，用大数据进行分析，内容生产逻辑是"用户想看什么我们就生产、加工什么"；

（2）内容深度的倾向性不同。保守的媒体生产内容要保证尽可能多的目标人数，从而可能在一定程度上牺牲内容深度；新媒体可以在 8 亿网民中只服务万分之一。原因主要是前者成本高昂，后者成本微乎其微。

（3）对商业的态度不同。传统媒体有可能会宣传那些有瑕疵的企业，新媒体的不同点在于，新媒体自身就是企业，为自己代言。

为了满足学员的需求，插坐学院在师资配置上做了以下几件事：

（1）邀请自媒体深夜发媸的创始人——徐妍、畅销书作家胡辛束入驻，使那些深得用户喜欢的内容在新媒体的世界中可以生根发芽长成大树；

（2）很多做细分市场的人可能信心不足，插坐学院请来估值 1 亿元的新媒体餐饮老板内参的创始人——秦朝，让学员们知道，不写鸡汤文也可以在细分市场获得一席之地；

（3）请来正和岛、万达等代表主流企业的新媒体负责人，让学员知道如何为自己的企业代言。

此外，插坐学院对于来讲课的讲师来说，具有以下几点优势。

（1）一次性将自己的最新经验分享给学员，比在行效率高得多。

（2）获得一笔还不错的讲课收入，在同样时间成本下效益更高。

（3）获得成就感，作为讲师给新手讲课。

插坐学院的优势是进入垂直培训的时机很好。2015 年中国的网民数量是 2005 年的 20 倍，也就是说原来的公关、广告和营销都要重新定义。而现在还有很多媒体人脑筋还没有转过弯来，依然沿用过去的思维。

在培训新媒体人的公司以及公司自身的营销上，插坐学院显得很克制。市场推广力度不足，公关不足，这些导致插坐学院在 2015 年很依赖罗辑思维的品牌价值。

在这种情况下，插坐学院是否要像混沌研习社一样，把销售完全交给罗辑思维呢？当然这样做的风险很高，因为插坐学院的主要学员是"90 后"，他们并不怎么关注罗辑思维。那么能不能让讲课的讲师在自己的自媒体上宣传呢？那就是权力性影响力思维了。

所以，插坐学院目前在需求端上的问题是很明显的。我非常好奇，为什么在还没有验证需求端的情况下，插坐学院就开了公司？后文的在行也存在这个问题。好在插坐学院后来推出 CEO 新媒体培训班，这才走上高客单价的道路。是呀，罗辑思维的核心客户也是"70 后""60 后"这些社会中坚力量。

目前新媒体表面上做得普遍不好，但是新媒体的确是消费升级的重要板块，在很多时候不参与直接销售但却起到了营销的效果。

但是这并不能说明新媒体作用小，只能说新媒体在目前的产业结构中的作用没那么大。目前新媒体领域收入最高的是母婴内容自媒体电商品牌"年糕妈妈"。在2016 年年初，年糕妈妈月营收追上罗辑思维，官方目前没有透露年总营收，但是超过罗辑思维坐上微信电商收入冠军的位子应该不成问题。2017 年 1 月 19 日，年糕妈妈宣布获得 6000 万元 B 轮投资，这应该可以证明新媒体的价值了。

今天中国有 2000 万个微信公众号，大公司往往不止一个公众号，但是它们并不靠这些公众号进行销售。因为对于大公司来说，新媒体的链条太长，绩效难以考核。

而以上的一切所造成的结果是，对于插坐学院来说，需求不振，需要罗辑思维不断输血。尽管罗辑思维的用户买书买了一本又一本，但是插坐学院的线下付费培训复购率却难以提升，这种输血本身是不可持续的，最后在需求端方面还是面临尴尬处境。

对此，插坐学院本身也想出新办法，比如 7 月份插坐学院推出了总裁班，价格3000 多元，还是罗辑思维帮忙卖。插坐学院的定位从"90 后"的知识充电站到新媒体学习，再到服务"60 后"CEO。创业就是这样，距离当初的想象越来越远。

新媒体培训面对的是 8 亿移动用户，新媒体人需要接受一定的新媒体知识培训。

在中国的任何领域，能够细分到千万人口以下的市场都是存在巨大机会的。我认为绝大部分的细分领域都是有市场的。我也是一名新媒体人，新媒体人普遍比较穷。网传首席微信官能达到月薪 30 万元，但目前新媒体在多数公司隶属于市场部或者公关部，连独立部门都不算，总体地位自然不高。

打工的新媒体人，水平参差不齐，而大多数企业老板并没有相应的分辨能力，这也导致了新媒体人的待遇水平偏低。新媒体部门普遍离钱比较远，涨薪路径不明确，这意味着客户单价和消费频次是受限制的。自由职业的新媒体和创业新媒体人没有规模达到上百人，营收上百亿的大企业，其业务往往以广告为主，电商为辅，这些都是没有门槛、没法垄断的生意。

虽然目前插座学院的定位很精准，但是客单价和消费频率很难做上去，客单价现在基本在 2000 元以下。若是和培训教育领域的巨头新东方对比，差距还是很明显的。

另外对于教育投资来说，多长时间能回本是非常重要的。就像我正在运营的微信公众号"月嫂了不起"，月嫂投资自己，她们非常关注多久能够收回投资，这就是做教育的收费天花板。

第 25 章

在行

　　果壳网在 2014 年 11 月推出在行，这与罗辑思维的天使厨房、匠人如神上线时间很相近，都是共享经济最火热的时间点。经过两年时间发展，已经入驻的行家超过 8000 名。"罗胖"向来提倡"U 盘化生存"，具体来说就是"自带信息，不装系统，随时插拔，自由协作"。这十六个字放到在行非常契合，因为在行的共享经济领域比天使厨房、匠人如神更加宽广。在行就是让有经验的行家给新手做咨询。

　　在行正好实践了"U 盘化生存"：不加入公司组织是不装系统，知识和经验全在脑子里是自带信息，即约即见是随时插拔，在行提供的交易场景体现了自由协作。

　　目前在行既是咨询平台，也是高等教育的颠覆者。假设小 Y 同学考入北京某大学，除平常要上的专业课外，还利用周末和寒暑假寻找实习工作。每个月赚的钱用来约见几位行家，每位行家都有学生专属的低价课（课程内容不变，但是价格对学生优惠）。工作中的问题，未来规划的迷茫，都能通过行家得到答案。这样三四年下来，实习工作再加上行家经验传授，让大学生在摸透一个行业的同时还能将人脉基础打牢固。这样的毕业生在北京，因为知识、能力、职场的系统性提升，社会人脉的一系列累积，在毕业后没有理由拿不到高薪的工作机会。

　　但是现实问题也很明显，大学生虽然人数众多，但是社会经验不足，对职场的认识不足，导致有需求却而难以快速形成市场，具体分析如下。

　　第一，信任的问题。俞敏洪（新东方董事长兼首席执行官），是大学生都知道的人物，甚至偶尔能在学校的讲台上看到他（而且免费）。职场行家（一线实践者），大学生都不认识（还要花钱，出校门去拜访）。

　　第二，见识的问题。大学生不在现实面前头破血流之后可能不会发现自己需要手把手的老师。

　　第三，经济基础问题。大学生没有收入来源，难以将太多金钱用于投资自己。

　　那么除了大学生，其他人可以怎样使用在行？

　　白领：领导总是布置新任务，新事物各种坑，无从下手，不敢下手；老板只给方向却没有方法，可以找找该领域的行家，过来人一分析，马上就能写出可执行的方案。

　　创业者：创业的核心不是办公工位、市场知名度或者每日流量，最关键的是团队人才。在行对于创业者来说，首先是一个猎头平台，你可以直接开价挖角约见的行家，我在这方面的体验很多。不过成功率更高的是请行家帮忙推荐人才，以及学习聘请到合适人才的方法等。

传统行业老板：随着中国网民数量的迅速激增，可以说哪家企业不重视互联网就没有未来。那么作为传统行业的老板，应该如何面对移动互联网？这方面问题可以找行家指导。

为什么说在行颠覆了高等教育？我曾经在姬十三的朋友圈下这样评论：

罗辑思维像小学，给国人开智启蒙；

插坐学院等培训像中专，让用户成长；

在行像大学，个性化地解决问题，让用户自主学习，塑造自我。

在行面对咨询用户有以下优势。

（1）在行提供的服务包括：行业内资深行家的经验、知识、理论，通过线下面对面、一对一语音等方式提供个性化咨询服务，付费咨询解决了原先要请客吃饭，找朋友的尴尬；

（2）缓解了用户不会提问题带来的尴尬，带来比 2 个小时更持久的对话。行家往往能有充足的时间领悟到学员的核心问题；

（3）三五百元的价格，能够避免用户创业走弯路或者选择错误的投资方向，间接地节约了他们的宝贵时间。大量互联网一线行家能提供传统咨询公司做不了的移动互联网创业咨询，要知道中国在移动互联网领域已经处于世界领先水平。

在行面对入驻行家的优势：

（1）通过与用户的互动，进一步验证自己的逻辑、经验、方法是否经得起推敲；

（2）赚笔小钱，买鸡蛋补补身子；

（3）高质量地打发时间。和用户约见绝大多数时候是愉快的，因为对方花了时间成本和资金成本，非常重视这次约见，会提问题，不冷场，并且期望获得更多的帮助。所以，相比参加其他的社交活动，行家能够在约见中获得更多的满足感。

（4）有很多的话，行家想说，但不一定会在公开场合表达。但是行家可以在约见中畅快直言，而这些话可能在其他场景下不适合说出来；

（5）门槛足够低，与演讲前的烦琐练习、准备精美的 PPT 或录制视频的反复练习不同，见一位在行学员不需要做太多准备工作（当然前期需要沟通确认信息，并进行备课），见面就能开聊；

（6）一对一的私密场景，可以畅快直言，不用担心众口难调和立场问题；

（7）可以认识同样优秀的行家，完善个人社交圈。

在行面对咨询用户的劣势：供给不足。

信息过剩导致大家找不到自己的答案，在行的出现让用户更容易接近自己需要的答案。这是在行目前遇到的需求上的"痛点"，但是从供给角度上来说，也有很多问题。

行家的时间极为宝贵，一对多的演讲并不现实，一是因为没有时间准备演讲，二是因为演讲会失去原来一对一的个性化以及私密性。虽然市场需求很庞大，创业者基数过大，行家却难以满足需求，目前的供求比例不平衡。也就是说经验丰富的管理人员很少，"嗷嗷待哺"的创业者却太多。

在行横向拓展的方向如下。

（1）提升个人生活质量的工具。现在的行家已经覆盖诸多领域，包括瘦身、旅游、造型等。提高生活质量的需求是持续存在的，行家们可以帮助用户提升自我，从而达到提升生活品质的目的，这类的供给甚至远大于创业方面的行家。

（2）在行，从某种意义上可以说是一个人才库，在能产生互补的领域，行家可以结成创业合伙人，或者抱团组建课程。经过重组的课程比单个行家的课程更加系统化，其方向是弥补大学的部分教育功能。

我的在行小试验：2016 年 1 月 1 日，是"罗胖"的跨年演讲结束后我将 50 多位传统行业 CEO 和 5 位行家聚焦起来开小灶，也就是我为他们准备的一道"在行"大餐。

我的在行故事

我下载在行 APP 是在 2015 年 5 月初，罗辑思维出来创业的小伙伴告诉我：通过在行能够学到更多知识，约到很多互联网战场的一线大咖，了解最新的互联网动向。

同年 5 月 22 日，一则新闻划破了朋友圈的平静，罗辑思维分家的消息导致朋友圈刷屏。很多"罗友"私信我，想知道罗辑思维是不是真的散伙了。那时候罗辑思维官方还没有出来辟谣。

当天我收到了 30 多位朋友的私信，为了防止第二天有更多人来询问，于是我写了一篇关于罗辑思维的文章：《罗辑思维凭什么 11 个月营收过亿》。这篇文章通过 11 个月的数据说明罗辑思维运营得非常成功。当时我是使用新注册的微信公众号发布的， 24 小时阅读量便超过 3 万。于是我将这篇文章尝试性地发邮件给在行，看自己能不能有幸成为行家，因为我觉得既然不了解罗辑思维的人这么多，也许可以通过分享经验来赚笔小钱。

后来，很多运营人员、创业 CEO，甚至做投资的小伙伴都通过在行约我聊罗辑思维、社群、新媒体等内容。他们为什么不去直接找"罗胖"呢？有的约不上，有的则好奇我这样的铁杆用户对罗辑思维的看法，有的则是在自己的公司准备启动新媒体、社群项目的时候，问问前人的经验。

媒体采访我也是通过在行 APP 约见的，例如《南都周刊》的编辑通过在行约见我聊了一些关于罗辑思维的内容。而你手里这本书，也是电子工业出版社的编辑通过在行约见我，邀请我把看到的知道的分享给大家，这才有了后面的故事。目前我在在行的约见记录超过 100 单，要是展开与学员们的故事，够再写一本书了。

第 26 章

月嫂了不起

2012 年 4 月，"罗胖"加入申音的团队，出资 35 万元成立独立新媒体（2014 年 5 月分家，申音脱离罗辑思维），经过五年创业，2017 年罗辑思维估值超过 10 亿元。这期间罗辑思维死磕运营，通过在内容、社群、电商、平台 4 个阶段的精细化耕作发展成为独角兽公司。

（不论是不是互联网圈内的读者，自强之道都在于运营）

有的朋友可能会提问：哪有那么多独角兽公司？哪有那么多月薪 5 万元的运营岗位？如果我们用静态的眼光看待市场，那么既不是死磕，也不是运营的姿态。什么是动态地看待市场和需求？本章就是拿我本人作为案例展开的。

2016 年 2 月我开始寻找新的创业项目，在 3 月份接触了十几家公司。经过对比最后选择加入北京好孕妈妈教育咨询有限公司。在项目的选择上，我主要看重以下三点。

第一，创业团队要有高学历人才，公司高层有互联网大咖支持（最好是投资关系）。

第二，从公司的市场切入口看，角度要够新颖。公司的模式不易被抄袭，有足够的核心竞争力。

第三，与我的个人能力相契合。

从公司到行业再到自身，究竟是否适合进入该公司、该行业，这是我所重视的问题。

我在加入公司后注册创立"月嫂了不起"微信公众号，该微信公众号是北京好孕妈妈教育咨询有限公司名下的自媒体。至今快一年的时间，每日更新都是由我完成的。

很多朋友在得知我为这么多四十多岁的月嫂提供知识服务后十分惊愕：这些阿姨她们会用微信吗？她们应该没读过什么书，整天就跟我妈似的转发各种奇葩新闻和鸡汤吧？

这里面的机缘巧合还是挺多的。作为运营者，我的学历和很多月嫂们是一样的——初中，所以我就想：既然"罗胖"能每天发 60s 语言改变成千上万人，为什么我不能每天发一篇文章改变月嫂呢？

加入团队之后，我的具体工作包括以下内容。

1．新媒体运营。新媒体用户花若干分钟消费一次你的产品（文章或者视频，碎片化的内容），以分钟为消费单位。

2．社群运营。社群要开展活动，用户消费一次活动花费的时间从几十分钟到数小时不等，以小时为消费单位。

3．产品运营。用户消费产品成为客户，购买产品至少花费用户一天的收入。

4．平台运营。平台的活跃，建立在平台具备长期留住用户的前提下，对用户的终身服务，以年为单位。

从新媒体运营到社群运营再到产品运营、平台运营，这个过程反映了用户的对品牌的由浅及深的适应能力。

那么我的表现如何？

- 2016 年 5 月运营"月嫂了不起"微信公众号经过 7 个月订阅用户突破 10 万。日均活跃用户达到 2 万人。

- 2016 年 11 月 20 日发起的"谁是最可爱的月嫂育儿嫂"投票活动超过 5000 位月嫂、育儿嫂报名参加，带动 12 万用户参加活动，最终完成 5 万订阅用户的留存。

- 2016 年 12 月"月嫂了不起"公众号为公司带来培训业务的营收超过 20 万元。

下面详细介绍一下我是如何做到的。

1．自媒体：内容运营

本书将罗辑思维的发展过程分为四部分：自媒体阶段、社群阶段、电商阶段以及平台阶段。前段时间"罗胖"在黑马会的演讲中提及历史上的阶段是跨过一个一个坑，我不这么认为，因为自媒体的本质是内容运营，社群的本质要通过活动运营展现，电商运营则是实现经济价值的必然手段。

如果内容运营、活动运营、电商运营是坑，那么一家公司的财务、税务、品牌、营销是不是坑？这值得好好探讨一下。

在"月嫂了不起"的内容运营中，我借鉴了很多罗辑思维的经验：邀请用户推荐文章、邀请相关母婴原创号授权转载、邀请本公司培训老师将平时给月嫂上课的心得和知识转化为新媒体文章等。

在 2016 年 5 月份分答 APP 火热的时候，我也说服了公司的十多位培训老师开通分答，回答月嫂或者孕妈、产妇们的各种问题。

在同年 6 月份关于直播 APP 融资新闻一波又一波的时候，我们也进行过十多场映客直播试验。在直播中与月嫂有关的职场知识、护理知识等方面的内容无所不聊。7 月 1 日那天晚上，首次开通平台直播（第三方提供技术和硬件），顺利实现中国互联网历史上首次有规模的月嫂网络直播，10 小时内新增粉丝 2000 多。

我在现有模式的基础上尽可能多地去探索内容运营的展现方式，依托数据分析，逐渐在半年的时间里寻找到留存用户关注的比较稳定的话题和表达方式。

在内容运营中希望跟各位分享的是：不同的用户有不同的行为模式，例如月嫂往往不能收看长时间的直播，因为她们要带孩子。虽然客户家有 Wi-Fi，但是工作期间长时间看手机是她们的职业大忌，所以 10 分钟以内的内容才是适合她们的。罗辑思维总在 6:30 推送，因为他们要抢占用户的"马桶时间"，而月嫂这时恰恰是最忙的时候，只有到晚上 20:00 才是她们的闲暇时间。类似的细节总结出来还有很多，每位运营者都需要从点点滴滴中去体察，找到用户最合适的消费模式。

2．社群：活动运营

2016 年 11 月 20 日至 2017 年 1 月 20 日期间，社群推出"谁是最可爱的月嫂育儿嫂"投票活动，本次活动参与人数 12 万，留存用户达到 5 万。活动参选门槛为月嫂或育儿嫂从业者，并且有工作照片或客户感谢信、锦旗等作为工作表现良好的依据。

活动参加的流程如下。

第一步，用户收到订阅号每日推文，通过活动文案了解"谁是最可爱月嫂育儿嫂"投票活动相关信息。

第二步，通过文章底部二维码跳转到活动微信群，了解具体玩法，知道如何获得荣誉称号以及小年红包。

第三步，扫码进群的用户等候每天晚上 20:00 开始的活动讲解，并在群里收到参选的报名链接。

第四步，参选用户填写姓名、手机号以及工作照片等资料，获得参选编号。

第五步，官方从 60 天倒计时开始每天发送一张拉票海报到微信群里。选手将拉票海报转发好友或朋友圈，邀请其他月嫂、育儿嫂通过编号为自己投票。

活动奖励：得票排名前 500 名月嫂育儿嫂获得 888 元至 12 元不等的小年现金红包。

也许读者有以下疑问。

• 为什么活动时间持续这么长？

40 岁以上的月嫂在反应能力、敏感性比 20 岁左右的年轻人要迟缓一些，她们对事物的消化理解以及信任感的建立需要更多时间。

当然，要寻找到更多的同行姐妹为自己投票也是要花不少时间的，所以活动的总时长设计为 60 天。

• 为什么每个人只能投 2 票？

许多投票类活动往往设计为限时更新投票，也就是每隔一段时间一个账号可以重新投票，这种设计最大的好处是尽可能使更多用户留下来继续为选手投票。

但是"月嫂了不起"定位为垂直的职业培训，如果是月嫂的亲戚进来投票，与行业无关，那么不仅不会对阅读带来益处，还会干扰编辑对投票判断。

• 为什么要让月嫂加入微信群？

罗辑思维社群活动从来没有在微信群重新用语音解释一遍活动玩法，但是月嫂是 40 岁以上女性为主，很多月嫂的文化程度不如"罗友"，阅读理解能力有限，而通过微信群的语音讲解并回答疑问，则可以尽可能地让更多月嫂参与进来。

• 服务器宕机，怎么安抚？

2016 年 11 月 22 日，因为同时进入服务器投票的用户太多，导致服务器宕机，但是得益于早期活动的入口都是通过微信群发出去的，所以参加活动的选手都在微信群内。用户运营工作人员直接在群内进行安抚，说明网络故障，希望大家给予耐心，并适当发小红包，使得活动并没有因为连续宕机而失败。

给客户想要的，用常识去思考如何变现的问题，赚钱不必考虑行业是不是太低端，在经济下行的时代，活下来才是关键，哪怕偶尔吃相不好看。

2017 年 2 月，通过"月嫂了不起"微信公众号实现的培训营收达的 30 万元，招生人数接近 100 人。经过 10 个月的运营，订阅用户对月嫂需要深造学习才能更快提高身价，或者新手入行最快的途径是接受专业医护团队培训等理念产生认可后，电商的价值愈发凸显了。

下面介绍几点电商转化的心得。

1. 收费进群（门槛）

2016 年 6 月，也就是转化的早期，我们将培训课程的付费二维码直接放在培训课程销售文案的底部，从低端到高端的课程文案都发布一遍之后发现转化率很低。

这组数据与北京好孕妈妈咨询有限公司电话营销相比差太远，我们不相信这个转化率是真实的，在研究之后可以得出一个结论：线上转化率低，也就是线上的用户难以转化为付费客户。我之前参加过的《我们这一代人的怕与爱》节目录制其实是一场线下的"转化"活动，而插坐学院对我的招生转化实际上也是在线下完成的。在很多行业，线上化率低是一个值得思考的问题，不是说互联网的业务就可以完全不用人工介入，或者不需要进行线下交易，而是要根据不同行业不同消费场景去把握。

在这之后我们进行了调整，不再放置培训课程付费二维码，而是将客服咨询微信群二维码放置在培训课程销售文案底部。

在 2016 年 7 月，我们建立了十多个招生咨询类微信，从发文到满百人一般都不超过 3 小时。访问量的爆发也凸显了我们客服人员的不足问题，而且进群的无效用户比例过大，经过几天群内问答后，客服也极为不满。跟电话比起来，微信群的用户太不精准，太浪费时间。直接收取培训费的转化率太低，直接面对用户进行咨询的精准度太低。为了提高转化率和用户精准度，在 2017 年 8 月我们在销售文案的底部改成了 20 元的咨询服务费付费二维码。也就是说如果用户对于好孕妈妈的培训课程产品感兴趣，那么需要支付一笔 20 元咨询服务费，付款完毕之后用户需填写姓名和手机号码。这样一来客服再与付费用户沟通，阅读转化率超过 1%（支付 20 元服务费的用户），而培训学员的转化率则达到 50%。

2．公开课+视频课（体验）

在用户支付完 20 元咨询服务费之后成为培训学员之前还有一个过程，她们虽然对培训感兴趣，但是从外行成为一名月嫂还是有很多顾虑，其中也包括家人的不认可。在这个过程中主要是让客服进行一对一的长期跟踪，为了提高跟踪咨询过程中的转化率，我们在微信公众号文章的基础上进行了升级，也就是对支付 20 元的准学员给予不一样的内容服务。通过邀请准学员免费试听公开课，免费收看培训课程的方式，让准学员更加深入地了解月嫂行业，以及看到我们的服务质量。

这样在 20 元服务费到 2000 元学费这个过程中的内容空白就得到了填充。

3．适当优惠（进群费的抵扣）

支付 20 元的另一个动力就是 20 元的咨询服务费我们一般设定为抵扣 200 元学费。

4．转介绍奖励（老带新）

根据月嫂个人的情况，她们的收入也很不同。例如经过培训后，工作经验超过五年的资深月嫂，收入高，普遍月入过万；而经验较少的月嫂，工资则相对较低。对于已经参加课程的学员，如果她能介绍自己的朋友过来学习，那么也会得到一定的奖励。

商业的本质之一是客户的信任，信任是一点一滴死磕出来的。一篇文章，一场活动中，一次商品（服务）交付都有机会让用户产生信任。让用户看到我们持之以恒地提供价值。信誉就是品牌，品牌就是商业。

接下来看看这一行未来的前景。

目前这个微信公众号在北京地区的订阅用户超过 1 万，而公司计划当订阅用户超过 5 万的时候启动更多的增值服务，例如月嫂、育儿嫂的专属公寓。

需求分析：月嫂与其他北京务工人员不同，她们经常变换工作地点，在一个客户完成月子服务到迎接下一个客户之间往往有 10 天左右的缓冲期。在这 10 天时间里，回老家周车劳顿，而按月租房太浪费，更别说住酒店了。

从这个需求来说，价格为 50 元一天的驿站式服务是最适合月嫂的，另外还可以参照山东省非常成熟的月嫂白班模式，即月嫂朝九晚六工作，这样在客户家附近 30 分钟通勤范围内专门的月嫂公寓，将是非常受月嫂欢迎的。

月嫂这部分群体虽然不是互联网的原住民，但是她们并不像年轻人想象得那样过时，我曾经采访过上百位月嫂大姐，其中有超过 10 位经常玩陌陌。

在新媒体运营和新媒体品牌中也可以导入我们人生的理念、个人的品牌价值，并实现个人的管理。

最后的最后，什么是运营？运营就是人为干涉，也就是管理。死磕运营，想说的是在管理中对细微细节、数据、结果乃至过程的较真劲。放弃存量越多，收获增量越多。

罗辑思维大事年表

2012 年 12 月 21 日罗辑思维视频开播

自媒体阶段：2013 年

2013 年 5 月 24 日第一次线下活动

2013 年 8 月七夕会员招募

2013 年 10 月 14 日"罗利"第一弹

2013 年 12 月 20 日第二期会员招募

社群阶段：2014 年

2014 年 2 月 22 日霸王餐

2014 年 3 月斐济录制节目

2014 年 4 月福建大采茶

2014 年 5 月更换 CEO

2014 年 5 月南北充电之路

2014 年 5 月失控的儿童节

2014 年 5 月顺丰优选荔枝宴

2014 年 6 月真爱月饼

2014 年 6 月 "未来站在你身后" 惊鸿书箱

2014 年 6 月武汉光谷体育场演讲

2014 年 7 月 starVC

2014 年 8 月全国巡回演讲，铁杆会员嗨聊

2014 年 8 月冰桶挑战

2014 年 10 月雕爷学徒

2014 年 10 月天使厨房启动

2014 年 11 月柳桃宣传活动

2014 年 12 月《战天京》发售

2014 年 12 月傅盛战队

2014 年 12 月告别礼（告别社群时代）

2014 年 12 月 "匠人如神"

2014 年 12 月 7 日第三期会员引荐人招募

2014 年 12 月 20 日第三期会员招募

电商阶段：2015 年

2015 年 1 月年货市集

2015 年 2 月 7 日第二届 "霸王餐"

2015 年 3 月 "又一课" 项目上线

2015 年 4 月 "甲方闭嘴" 活动启动

2015 年 5 月 "散伙日"

2015 年 11 月 "又一课" 视频停止更新

2015 年 11 月得到 APP 上线

2015 年 12 月 31 日北京水立方跨年演讲：时间的朋友

平台阶段：2016 年

2016 年 4 月新媒体 "标王"

2016 年 4 月 13 日读书日直播

2016 年 5 月 25 日《李翔商业内参》上线

2016 年 11 月得到 APP 下载突破 300 万

2016 年 12 月 31 日深圳春蚕跨年演讲：时间的朋友

致 谢

　　在写作过程中，北京大学心理学系黄鑫同学帮我审理稿件，并且提出相关建议，对本书的出版做出贡献。

　　另外，刘得刚在本书的营销方面帮我出谋划策，在此表示感谢。

全新互联网
电商运营畅销书

读我踩过的"坑"，早读早领悟！

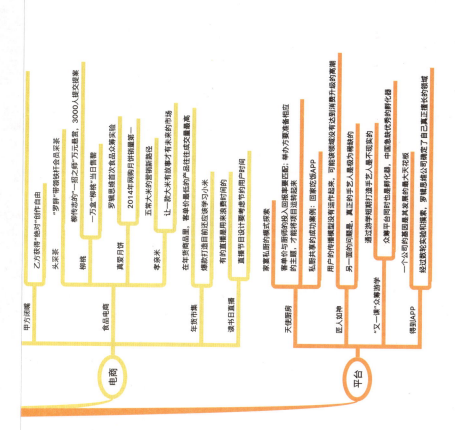